시시한 엄마에서 도도한 엄마되는

부동산 투자

시시한 엄마에서 도도한 엄마되는

부동산 투자

정민채 지음

I'm

경제적 자유를 꿈꾸는

모든 분들에게 이 책을 바친다.

돈은 중력이라고 했다. 돈이 많은 사람이 더 많은 돈을 벌 확률이 높다보니 자연히 부자 아버지 밑에 부자 아들 난다는 말이 정설로 굳어지는 것 같다. 업무상 나는 실제로 부자들을 많이 만나기도 하는 꽤 운(?)이 좋은 공인중개사다. 그들의 언어나 관점을 가까이에서 지켜보면 분명히 다른 점이 있다. 내가 만난 부자들의 패턴을 풀어보고 배워보자는 취지로 빗장을 열어 본다.

부자가 되는 것은 결코 쉽지 않는 난제다. 빌 게이츠의 말을 빌리자면, "태어날 때 가난한 것은 내 잘못이 아니지만, 죽을 때 가난한 것은 내 책임"이라고 했다.

부자는 아버지가 아들에게 가르쳐 주는 특급비밀인데, 우리 아버지는 농사꾼이고 나는 문명의 소외 지역 오지 태생이다. 부자의 모델을 본 적이 없고 그저 열심히 살라는 기본적인 메시지에 충실했을 뿐이다. '가난은 내 대에서 끊는다!'는 나의 개인 철학이 가능하기는 한 것일까 스스로 물어가며 벼랑에 선 심정으로 선택한 것이 경제 공부와 부자 탐구였다.

공부를 통해 차곡차곡 쌓아올린 밀도 있는 지식과 경험으로 현재의 부를 키워 오며 체득한 노하우를 한 권의 책으로 풀어 놓았다. 도레미파시도 음계가 풍성한 음악을 만들어내듯 한 단계씩 밟아가며 꾸준히 해온 경제 공부가 삶에 풍성한 열매를 안겨준 셈이다. '시'에서 '도'로 올라가듯 부동산 투자를 통해 시시했던 엄마였던 내가 도도한 엄마가 되어가는 과정을 담아냈다.

공인중개사로 활동하며 고객들의 재산이 불어나는 것을 직접 목도하며 매수 시기와 매도 타이밍의 찰나에서 울고 웃는 갑을 관계를 보며 느낀 점은 부자는 부자가 된 이유가 있고, 가난한 사람은 가난해질 수밖에 없는 확실한 이유를 갖고 있다는 것이다.

이제 남 탓은 그만하자. 빈부의 차이는 외부적 요인도 있지만 당사자의 내부 심리와 개인 철학이 가장 중요한 요인이라는 것을 알게 되었다. 살아오며 위기 아닌 적이 있었던가. 어느 시대나 뉴스는 항상 위험 경보를 울렸다. 가난한 자는 말이 많다. 이래서 안 되고 저래서 안 되는 수많은 이유를 단다. 반면, 부자는 말이 없다. 공부할 게 많아 불평할 시간이 없고, 때를 기다렸다가 기회를 빠르게 낚아챌 뿐이다.

2022년 3월
정민채

📖 목차

Part 4

부자들의 법칙

Part 5

부동산 투자 근육 기르기

Part 1

투자해야
살아남는 시대

01

투자하면
망한다?

성실히 일을 해서 먹고 사는 것이 점점 어려워지는 세상을 만났다. 일을 찾기도 어렵거니와 일을 통해 얻은 노동소득으로만 살면 점점 가난해지는 구조 앞에 투자는 선택의 문제가 아닌 반드시 해야 하는 필수가 되었다. 제도권에서 전공생이 아니고는 투자나 경제를 체계적으로 배워 본 적이 별로 없을 것이다. 거기다 일찍 돈에 관심을 보이거나 돈에 대해 질문을 하면 "어린 것이 벌써부터 돈을 밝힌다"는 비난과 꾸중을 듣기 십상인 문화 속에서 살아오지 않았던가. 아마도 농경사회에서 산업사회, 정보사회를 거쳐 오며 급속성장을 하느라 자본

시시한 엄마에서 도도한 엄마되는 부동산 투자

주의 구조를 이해할 시간과 경제 교육이 부재한 탓일 것이다.

우리와 돈에 대한 가치관이 전혀 다른 유대인들은 '돈은 신의 축복'이라는 것을 종교 경전에서 배운다. 그들은 『탈무드』를 통해 "우주의 어떤 것도 가난보다 나쁜 것은 없다", "어린 자녀에게 장사를 가르치지 않는 것은 자녀를 도둑으로 키우는 것"이라고 교육받는다. 가정에서도 밥상머리와 베개머리 교육을 통해 돈에 대한 가르침을 받는다. 돈의 형성 과정과 속성, 그리고 노동의 개념에 대해 일찍부터 배우는 것이다. 그 결과 일반 아이들이 800~900달러를 인식할 때에, 유대인 아이들은 1500달러를 인식한다. 거의 2배 차이로 돈의 확장성을 인식하는 것이다. 전 세계 최상위 부자 400명 중 40%, 500대 기업 중간부 비율 41.5%를 유대인이 차지하는 것은 이유 있는 결과다.

반면 우리는 어떤가. 투자한다고 하면 패가망신 운운하며 먼저 말리고 본다. 반대를 하려면 무턱대고 망한다는 논리로 투자를 말리는 것보다 적어도 이유 정도는 알려 줘야 하지 않을까. 반대 문화의 저변에는 잘못 투자해 돈을 날릴 위험 때문에 걱정하는 마음이겠지만, 아마도 투자환경에서 성장하지 않았기 때문에 투자에 대한 잘못된 선입견과 인식의 부재가 불러온 오해가 아닐까 싶다. 우리는 돈을 알려고 하지 않았고, 돈에 대해 제대로 배워 볼 기회가 없이 성장하고 어쩌다 어른이 되었다. 돈이 많은 사람은 더 빠르게 돈이 불어나고, 돈이 적은 사람은 구조에 종속되어 있던 돈마저 뺏기고 빠져나가 점점 더 가난해진다는 것을 어른이 되어서야 알게 된다. 유대인을 기준으로 본다면 늦어도 너무 늦은 깨달음이 아닌가.

"돈은 자기를 좋아하는 사람을 찾아간다"는 말이 있다. 돈의 속성을 알고 돈을 만나기 위해 노력하는 사람에게 부(富)가 따라온다는 말이다. 투자는 자본 활동으로 돈이 일을 할 수 있게 날개를 달아주는 행위인 것이다. 자본주의는 부자에게는 한없이 관대하지만 가난한 사람에게는 기회조차 박탈하는 경우가 많다. 계층의 골이 점점 깊어지는 경제구조에서 투자 없이 위로 올라가는 동아줄은 없다는 것을 인지해야 한다. 투자는 곧 위로 오르는 사다리인 셈이다. 망하려고 투자하는 사람이 어디 있겠는가. 통화 인플레이션을 피해 현재의 돈 가치를 지켜내겠다는 헤지(Hedge)의 개념으로 움직이는 엄중한 생존전략이 바로 투자인 것이다.

중개를 하다 늘 느끼는 것이지만 정작 돈이 필요한 사람은 돈에 관심조차 없다는 것이다. 그런 부류의 사람들은 사고의 틀이 가난에 갇혀 비슷한 유형을 나타낸다. 부정적인 말, 잔걱정, 두려움, 남 탓, 의지박약, 나태함…… 시간만 흘러갈 뿐 몇 해가 지나도 이 범주를 넘지

시시한 엄마에서 도도한 엄마되는 부동산 투자

못한다. 가난의 카르텔이 그들의 정신과 환경을 감싸고 있다. 스스로 가난의 악순환에서 벗어날 생각이 없고 돈 이야기는 재미없어 한다. 모든 것은 관심이다. 오지 산골에서 혼자 살 것이 아니라면 돈에 관심을 갖고 돈을 탐색하는 적극성을 가져야 삶의 에너지가 바뀐다는 것을 기억하자.

경제가 발전한다는 것은 GDP의 증가이고 통화량이 증가한다는 말과 같다. 거기다 코로나19 바이러스 극복을 위해 유통된 통화량이 '통화 인플레이션'으로 이어져 실물 자산 가격이 계속 올라가고 있다. 정부는 주택 가격 상승 원인이 투기를 하려는 사람들의 심리라고 호도하며 시장을 향해 회초리를 들었다. 이 무슨 변고란 말인가. 복통을 호소하는 사람에게 무좀약을 발라 주는 것과 뭐가 다른가. 진단 오류로 정부와 시장이 줄다리기를 하며 지나온 것이 2017년부터 4년여를 넘기고 있다.

정부가 때릴수록 시장은 더 강한 맷집으로 항거한다. 갑자기 쏟아진 폭우에 물이 넘쳐나듯 강한 규제와 넘치는 돈이 정상적인 상승을 넘어 폭등으로 이어지는 것이다. 통화량이 급격히 증가한 결과에 시장도 당황스럽기는 마찬가지다. 시장이 정신을 차릴 만할 때 규제라는 회초리로 내리치니 시장은 울면서도 자기 살 길을 찾는 것이다. 투기꾼이 묘기를 부리는 것이 아니다.

살기 위한 몸부림을 나무랄 수는 없다. 지금 시장은 강한 매질에 지치고 혼절할 정도로 아파하고 있다. 승자가 없는 결과 앞에 모두가 망연자실한 것이 지금의 부동산 시장 아닌가. 위험을 대비해 돈을 이동시키는 사람들은 순리대로 자기 길을 갈 뿐이다. 돈이 쓰레기(?)가 되고 있는 상황에서 현금을 들고 있는 사람은 가난의 급행열차를 탄 것과 다름없는데 가만히 보고만 있겠는가. 필살기가 필요한 것이다.

세계 경제대국 10위를 자랑하는 국가에서 투자를 바라보는 시각은 당황스럽다. 주변이나 집안의 반대와는 비교도 할 수 없는 공권력을 동원하여 '투기꾼과의 전쟁'을 선포하고 있다. 국가에서 무시무시한 슬로건을 내걸고 전쟁할 상대가 '부자가 되겠다고 노력하는 국민'이라는 것이다. 언론을 모아놓고 연신 플래시를 터트리며 국민의 투자 의욕을 확실하게 꺾어 놓는 모습을 보면 대한민국에서 부자가 되겠다는 사람은 정부와 맞설 용기까지 있어야 하는 건가 싶다. 부자 되기가 이렇게 어렵단 말인가. 이처럼 우리는 국민이 부자 되는 것을 나라에서 반대하는 열악한 환경에 살고 있다.

그러함에도 우리는 살기 위해 투자를 해야 한다. 개인이 부(富)를 늘려 안락한 미래를 꿈꾸는 것이 전쟁의 대상이고 타도의 대상이 되어야 하는 게 서글프지만 말이다. 개인의 부(富)는 나라의 부(富)로 이어지는 것 아닌가?

자본주의를 좀 심하게 표현하면, 인본보다 자본이 상위라는 말처럼 들릴 정도로 자본이 미치는 영향력은 절대적이다. 우리 국민과 자녀들이 언제까지 돈을 몰라야 하는가. 경제적 자유 없이는 정신적·심리적 자유도 결국은 흔들릴 수밖에 없다. 나처럼 경제적 위기를 한 번이라도 겪어본 사람은 경제적 안정이 얼마나 소중한 가치를 가지는지 알 것이다. 안정적인 가정경제 기반 위에 건강한 사회적 관계가 이어지는 것은 너무나 당연하다.

최근 코로나19로 어려움을 겪는 자영업자가 뉴스에서 인터뷰 하는 모습을 본 적이 있다. "경제적으로 너무나 힘들어 숨이 잘 쉬어지지 않는다"는 것이다. 정말 공감이 간다. 돈에 대한 공부는 자본주의에서 절대로 등한시할 수 없는 기본 중의 기본이다. 좀 더 현실적으로 말하자면, 경제력이 없다는 것은 사회적으로 사망한 것과 같다. 경제적 자유와 정신적 자유는 동전의 앞뒷면과 같다.

모르면서 반대하는 것만큼 어리석은 것은 없다. 투자하면 망하는 것이 아니라 투자를 안 하면 망한다! 스마트폰 시대에 돈을 벌 수 있는 기회가 계속해서 생겨나고 있지 않은가. 아무것도 하지 않고, 봐도 못 본

척, 알아도 모르는 척, 들어도 못 들은 척 그렇게 살 수는 없다.

경제 영토가 글로벌로 확장되어 하룻밤에도 셀 수 없는 자금이 대륙을 넘나드는 금융시장과 투자환경에서 살아가고 있는데, "투자하면 망한다"는 걱정과 우려는 시대착오적 발상이 아니고 무엇이겠는가. 투자에 성공하여 정상적인 납세 의무를 다하며 더 나은 분야를 개척하는 미래세대에게 차라리 투자를 잘하기 위한 체계적인 경제 공부를 권장하는 것이 더 효과적이지 않을까. 도전의 의지를 꺾는 다툼보다 잘할 수 있는 매뉴얼을 공유하고 응원하는 문화에서 개인과 나라의 부(富)가 늘어나는 것은 당연할 테니까 말이다.

투자나 투자 공부를 시작한 사람은 미래행 기차에 승차한 것이다. 자본주의는 돈이 일으키는 화려한 변신과 더 넓은 스펙트럼을 경험하며 부(富)를 키워 나가는 즐거움에 있다는 것을 모두가 알게 되기를 바란다. 자본이 근본이 되는 경제 시스템이 '자본주의'다. 투자해야 살아남는다!

02

부동산,
살까? 말까?

작금의 부동산 시장을 나는 '부동산 춘추전국시대'라 이름 붙였다. 춘추전국시대 군웅들이 등장하며 다툼이 끊임없이 일어났던 혼란기처럼 부동산을 둘러싼 다툼(?)은 사람들의 삶의 방향까지도 바꿔놓는 뜨거운 감자가 되었다. 최근 몇 년간 계속되는 부동산 강풍은 정부와 시장 사이의 술래잡기 놀이를 보는 격이다. 2017년을 시작으로 4년여 동안, 25번 이상의 부동산 대책의 횟수 동안, 정부는 한 번도 시장을 이겨 보지 못했다. 자유경제시장임에도 매매를 마음대로 결정할 수 없을 정도로 세금과 보유 문제가 삶을 제약할 줄은 꿈에도 몰랐다는 것이다.

항간에 '양포세무사'라는 신조어가 탄생할 정도로 세금을 전문적으로 취급하는 세무사들조차도 양도세 신고 접수를 포기하는 기(奇)현상이 생겼다. 그도 그런 것이 세금 계산이 너무나 복잡한 나머지 깨알 같은 규제 조항을 세밀하게 살피지 않는다면 자칫 '세금폭탄'에 걸맞는 세금고지서를 받아 쥔다는 것이다. 복잡한 수학문제 못지 않는 미션이 지금의 세금계산법이다. 조석변개로 바뀌는 세율과 징수 범위를 보며, 어느 계층도 마음 편할 날 없이 혼란만 가중되는 이 난세에 우리는 모두가 피곤하다. 무주택자는 없어서 걱정, 유주택자는 있어서 걱정, 꼬여도 한참 꼬여 쾌도난마의 묘책이 그립다.

우상향의 가파른 기울기가 언제쯤 멈출지 다들 기다리는 눈치지만 시장은 좀처럼 올라가는 에너지에서 힘을 뺄 생각이 없어 보인다. 주요 지역의 공급 감소는 언젠가 다시 불어닥칠 '폭풍 전야' 정도이지 거센 상승 바람이 소멸한 것이 아니라는 것이다. 달리는 기차를 멈춰 세울 수도 없고, 그렇다고 빠르게 달리는 속도에 올라타기는 더 무섭고, 시장은 지금 진퇴양난이다.

원인을 따라가 보자. 먼저는 통화량이 불씨가 된 것은 자명하다. '코로나19'라는 초유의 사태가 경제의 발목을 잡으며 부양책으로 나온 '코로나 머니'가 통화량 증가로 이어졌다. 늘어난 돈이 파생시키는 유동성은 돈의 가치를 계속적으로 하락시켰다는 것이다. 전 세계적 '헬리콥터 머니' 살포는 바이러스 퇴치를 위한 궁여지책이었다. 또 하나는 공급의 절대적 부족이다. 부동산은 총합의 개념으로 해석하면 오류에 빠진다는 것이다. 부자들이 계속 잉여의 자금으로 무엇을 하겠는가. 재투자를 할 것이 예측되지 않는가? 투자를 막으면 시장과 엇박자가 날 수밖에 없다. 왜냐하면 돈은 생명체와 같아서 가만히 있지 않기 때문이다.

산업 생태계와 투자 환경이 바뀌며 새롭게 탄생하는 신흥부자가 계속적으로 증가하는 추세이다. 세금 납부를 다하고 자산을 키워 나가는 부자들을 죄악시하는 사회에서는 미래세대에게 부자에 대한 꿈을 심어줄 수가 없다. 성공하는 중산층이 많아져야 건강하고 안정적인 사회구조가 되는 것을 알고 있다면 말이다.

시장은 수요자의 니즈대로 움직인다. 특히 주택은 개별성이 강한 생필품이다. 인구대비 주택수를 전국 단위로 계산하면 오류 값이 나올 수밖에 없다. 시장은 필요한 곳에 필요한 집을 원하고 있다. 주택수를 총량으로 계산하여 주택 공급수가 모자라지 않는다는 평균치 산법은 결국 집은 많아도 '원하는 집'이 없다는 모순을 낳을 뿐이다. 개인의 부(富)가 늘어날수록 사람들이 더 좋은 지역과 더 좋은 집을 원하는 것은 당연하다.

경제를 정치 논리가 아닌 사람들의 심리, 즉 마음이 가는 방향으로 봐 주길 바란다. 자본주의에서 '따로 똑같이'는 가능하지도 않을 뿐더러, 똑똑해진 사람들이 자기만의 세계를 그리면서 살아가기 때문에 각자 다름을 인정해야 한다. 현실에 없는 이상을 목표로 부(富)를 나누겠다는 것은 누군가의 노력을 짓밟는 또 다른 폭력이라는 생각이 드는 것은 무엇 때문일까. 개인의 능력이 다르다는 명제 앞에 계층은 어쩔 수 없는 현상이므로 간극을 좁힐 수 있게 서로를 인정해 주고 기회를 넓혀 주는 것이 보다 나은 방향이라는 생각이 든다. 욕망 규제와 세금 정책으로 달리는 사람의 손발을 묶을 수는 없는 것이다. 각자가 자기 속도로 주변을 돌아보며 자유롭게 걸어가면서 자연스럽게 필요를 채워 가는 것이 건강한 사회가 아닐까.

사회문제가 발생하면 '본질'을 들여다 보아야 한다. 원인을 찾는 '대인치료'에 초점을 맞추어야지 원인은 묵과하고 곪아 터져 증상이 나타난 후에 하는 '대증치료'는 사람 고생, 돈 낭비이다. 이솝우화 '해와 바람'을 떠올려 보자. 결과는 우리가 아는 대로 따스함이 사람을 녹인다. 업무차 여의도를 지나가며 낡은 아파트를 쳐다보게 되었다.

폐가를 방불케 하는 극심한 노후 건축물에서 재건축의 필요성이 느껴졌다. 뭐가 문제란 말인가? 자유의지가 반영되지 않는 제약들을 떠올리니 법의 모순이 인간의 행복을 앗아가는 제일 큰 걸림돌이 아닌가 하는 생각이 들었다. 정말이지 누구를 위해 종을 울리는 것인가? 나와는 하등의 관계도 없지만 슬럼화가 가속화된 노후 아파트를 한참을 쳐다보았다.

지금 혹시 집값이 폭등 전(前)으로 회귀할 가능성을 믿고 기다리고 있지는 않은가? 슬프게도 그럴 가능성은 없다. 시장은 비가역적이다. 돌아가고 싶어도 돌아갈 수 없는 구조가 있다는 것을 인정하자. 본질이 통화량과 공급 부족이라는 것이 밝혀졌다면 방향 설정과 나의 환경 설정을 새롭게 세팅해야 한다는 것이다.

훗날 나의 자녀가 이렇게 물어올 수 있다.

"엄마는 2014년부터 8년 간 부동산 가격이 폭등할 때 부동산을 왜 안 샀어요?"

내가 가진 것을 뺏기지 않으려면 돈을 이동시켜야 한다. 돈 값이 추락하고 있는 것이 보이지 않는가. 자본주의에서 삶은 '서바이벌 스킬'을 요구한다.

03
부동산은
나의 동업자

5060시대가 살아온 과거엔 저축의 시대였지만, 지금은 투자의 시대이다. 투자 없이는 늘어난 수명에 필요한 자금을 모을 방법이 딱히 없어 더더욱 그렇다. 똘똘한 부동산은 나와 함께 나이 들어 가는 든든한 동반자 역할을 한다. 부동산 임대 수익이나 투자의 시세 차익은 현직 때의 연봉을 뛰어넘고도 남는다는 것을 빨리 알수록 좋다.

우리는 지금 '잘 사 놓은 부동산 열 자식 안 부러운' 시대를 살아가고 있다. 50~60대들의 농담 중에 본인의 재산 중 가장 부실 자산이 '자식'이라는 우스갯소리가 있다. 자녀의 자립이 쉽지 않아 계속적으로 경제적 지원을 해야 하는 '시대적 농담'이다. 자식보다 똘똘한 부동산 하나가 나의 노후를 지켜줄 가능성이 높다는 것을 점점 깨닫기 시작했다는 것이다. 그런데 현실 자각 타임인 '현타'가 50~60대에 온다면 그것은 위험한 일이다. 그땐 늦어도 많이 늦다. 그래서 투자는 '20대 공부→30대 실투자 실행→40~50대 안정기→60대 이후는 열매로 사는 시기' 이런 단계적 성장을 추천하는 것이다.

투자는 일찍 시작할수록 유리하다. 자금이 부족한 20대에는 경제 공부와 시드 머니를 만든다는 계획으로 공부를 시작하자. 부동산을 사고 싶어도 자금 여력이 약한 시기이므로 기다리며 내공을 키우면 되는 것이다. 20대에 공부한 것을 바탕으로 30대에 투자의 그림을 그려 나가면 된다. 이왕 하는 공부 '빡세게' 도전해 탄탄하게 실력을 닦아 놓아야 한다. 공부의 효과는 옥석을 가리는 능력이 되고, 투자시 물건을 보는 눈이 탁월해지는 효과로 나타나기 때문에 엉성한 공부는 실전에서 결국 다 드러난다.

당장 매수할 수 없다면 조급해하지 말고 자신에게 투자하는 시간을 늘리면 된다. 자신에게 투자하는 것만큼 남는 장사가 없다. 자기 투자의 가장 좋은 방법은 바로 책이고 공부다. 바뀌지 않는 일상에서 주변이 시끄럽고 바쁠 때는 중요한 것이 보이지 않는 법이다. 그래서 나는 혼자 있는 시간을 만들라고 권하고 싶다. 조용히 고독해지면 자신에 대한 객관성과 '건강한 고민'을 하게 된다.

커피숍에 앉아 아무리 정치인 욕을 해도 내 인생이 바뀌지 않는다. 나를 위한 공부를 위해 더 많은 시간을 할애하자. '시작이 반'이란 말은 언제나 유효하다. 당장 책이나 영상을 통해 공부를 시작해 보자. 공부한 실력이 언젠가 임계점에 도달하면 자기 스스로도 놀라게 된다. 공부한 양과 시드 머니가 동시에 불어나는 때가 되면, 그때부터는 실전이다. 백 마디 말보다 실투자를 한 번 해보면 전체적인 프로세스를 빠르게 익히게 된다. 첫 소유권을 갖기까지는 누구나 힘들고 지칠 수 있다. 하지만 투자를 시작했으면 그때부터는 시간의 마법에 맡기고 기다리면 된다. 씨앗을 뿌려 놓고 싹이 궁금해 땅을 파보는 어리석은 사람은 자산을 키울 수가 없다.

몇 년의 시간이 흐르면 30대 후반에 한 번 더 자산 점프를 할 수 있는 기회를 만날 수 있다. 먼저 매입한 자산과 급여소득이 상승되는 시점이 그때쯤 오기 때문에 도약의 계기로 삼으면 된다. 이때 물건을 하나 더 늘리거나 상급지로 갈아타면 되는 것이다. 자산을 키운다는 것은 터닝 포인트가 왔을 때 합리적 결정을 잘 내리느냐 그대로 주저앉느냐의 기로에 서는 것이다.

30~40대 때부터 안정에 취해 실거주 하나로 만족하는 것보다는 투자로 주택수를 더 늘려 놓는 것이 자산 규모를 빠르게 키울 수 있는 방법이 된다. 포트폴리오를 30~40대에 잘 짜두면 진정한 안정은 50~60대에 제대로 찾아온다.

50대 중반이면 자녀가 결혼을 하거나 독립을 하는 시기다. 50~60대에게는 큰 목돈이 들어가는 변곡점이 찾아오는 것이다. 부모가 미리 부동산이나 기타 자산을 증식해 놓은 사람은 문제될 것이 없지만, 반대의 경우는 자금 문제로 실거주하고 있는 집에서 추가 대출을 고려하거나 주택 사이즈를 줄여서 차액을 자녀 독립에 보태는 경우가 대부분이다.

60대를 바라보는 나이는 육체적인 노화도 동반되기 때문에 자산은 30~40대에 이미 어디엔가 안전한 투자가 되어 있어야 한다는 말이 된다. "언제 우리 애가 이렇게 성장했지?" 이런 말을 할 때는 이미 부모 본인의 나이가 결코 적지 않다는 것이다. 그래서 투자는 빠르고 어릴수록 더 많은 기회를 만난다. 시간의 마법이니까 그렇다.

중년 이후에도 경제적 자립이 안 된 이유로 계속적인 노동을 해야만 한다면 그것은 일의 노예나 다름없다. 햇살이 아무리 밝게 빛나도 느끼지 못하는 사람에게는 암흑인 것이다. 생업을 위한 노동과 원해서 하는 일의 차이는 크다. 즉 해야만 하는 일과 하고 싶은 일은 전혀 다르다. 돈을 움켜쥐고 저축만 하는 중년들이 의외로 많다. 그것도 하나의 방법일 수 있지만, 보다 나은 투자처를 찾아 돈이 일을 할 수 있도록 이동시키는 공부를 꾸준히 하길 권한다.

나이가 쌓이면 실패의 경험도 같이 쌓인다. 나 또한 실패와 위기, 고생한 이야기가 많이 쌓였지만 견디고 버텨서 나온 결과가 오늘이다. 결과가 좋으면 다 좋은 것이라고 스스로 위로하니 과정 중에 넘어지고 깨진 상흔들은 아픔이 아니라 감사하게 되는 이유가 되었다. 세상을 보는 나의 눈에 감사의 렌즈를 끼우니 온통 감사하고 기쁜 일이 이어진다.

우리가 하는 경험은 어떤 것이든 버릴 것이 없다. 언젠가 필요하고 어차피 당할 일이며 한 번은 해야 할 일이었다는 것을 지금은 안다. 안 해도 될 것 같은 경험도 필요할 때가 있더라는 것이다. 노동하는 몸의 가치는 점점 하락하지만 부동산 가치는 점점 올라간다는 것을 명심하자.

04

파이어족을 꿈꾸는
MZ세대

멋진 사진 한 컷이 마냥 부럽고 사진에 담긴 장소나 음식이 궁금해질 때가 있다. 특히 맛난 음식이나 멋진 풍광이 있는 여행사진이면 확 끌리는 공감이 생기지 않는가? 소셜을 통해 타인의 멋진 라이프가 현실의 초라한 나에게 대리만족이나 힐링을 주는 요소보다는 나도 언젠가 반드시 누리고 도전해 주겠다는 마음이 생기는 것을 한 번쯤은 경험했을 것이다.

지금의 MZ세대들은 태어날 때부터 우리 부모들이 경험한 찢어진 가난과 만날 수 없는 환경에서 나고 자란 세대들이다. 개인차는 있겠지만 말이다. 산업사회를 거쳐 정보사회, AI시대까지 거쳐 오며 물질적인 절대적 가난은 없었기 때문에 생각과 관점이 전혀 다른 신인류라는 것을 먼저 인정하고 바라봐야 할 것 같다.

자본주의를 바라보는 관점과 깊이도 5060세대와는 접근부터 다르며, 과감한 승부사 기질과 공부로 무장해 확신이 서면 바로 덤비는 현실파들이 바로 MZ세대이다. 아무 생각 없이 게임이나 하고 앞날에 대해 멍때리고 있는 것이 2030세대가 아니라는 것이다. 웹툰이나 게임에 빠져 있는 것 같지만 줄거리 이해를 넘어 작품의 의도나 방향성, 게임 프로그램에 숨겨진 의미나 메시지를 찾아내 뭔가를 건져 나오는 똑똑한 세대들인 것이다. 알고리즘을 이해해 가는 빠른 머리 회전력을 부모들은 이해하기도 힘들고 따라갈 수도 없는 그들은 분명 신인류다.

지금 부모님 앞에 차려준 밥을 먹고 있는 그 자녀가 결코 부모보다 열등하거나 나약하지 않다는 것이다. "머리는 장식으로 달고 다니냐?" 하는 드라마 대사처럼 아이들에게 억장 무너지는 대못을 박는 부모가 아니길 바란다. 5060세대 부모들은 취업이 어려운 자녀들을 보며 "우리 애들은 이 험한 세상에 뭘 해서 먹고 사나?" 하고 걱정한다. 부자 마인드 관점에서는 전혀 도움이 안 되는 부정적 말과 생각을 심어 주는 장본인이 바로 부모일지도 모른다. 세상은 변해도 부모의 관점은 언제나 그 자리다.

하지만 2030세대는 결코 약체가 아니다. 단군 이래 최대 스펙이라고 하지 않는가. 못하는 것을 찾기가 어려울 정도로 다양한 능력들을 갖춘 뛰어난 인재들이다. 다만, 그들이 그 스펙을 통해 일과 자기 삶의 방향을 부모들과 전혀 다르게 잡는다는 것이다. 위기를 대하는 자세가 과거와 많이 달라졌다.

과거 부모들이 지식보다는 경험에 비중을 두었다면 MZ세대들은 독서를 통해 앎을 넓혀 시간을 단축시킨다. 현실을 보고 미래를 빨리 알아차리는 것이다. 자본이 지배하는 시스템에서 자본이 없는 사람이 노예로 전락할 수밖에 없음을 읽었다는 것이다. 그러므로 경제적 자유가 없이는 본인이 그리는 꿈과 비전에 도달할 수 없음을 알기에 경제의 전반적인 현상들에 관심이 많은 MZ세대들이다. 정보검색과 실행에 스피드를 장착해 매우 능동적으로 움직이며 문제 돌파력이 있는 주인공이 지금 부모들의 눈앞에 있는 바로 그들임을 알자. 신인류가 출현한 것이다.

2014년부터 불기 시작해 8년 동안의 부동산 가격 기록 갱신은 젊은 2030세대들의 삶의 방식과 사고방식에까지 지대한 영향을 미친 것 같다. 이들은 분명 기성세대와는 다른 문화적 배경을 갖고 성장한 새로운 세대가 맞다. 주거 형태도 아파트에서 태어나 아파트 생활을 하고 아파트에서 생을 마칠 확률이 높다는 그 MZ세대이다. 현재는 미래를 예측하는 선행지수다. 아파트 키즈로 성장한 그들이 살아갈 주거 환경을 보면 아파트 선호 문화가 계속될 것이 예상된다. 그렇다면 앞으로도 아파트가 주거 형태의 주류라는 것이고, 돈이 된다는 말이 된다. 그 사회를 관통하는 트렌드와 선호를 읽는 것은 곧 돈의 흐름과 연결되어 있다. 돈은 사람들이 원하는 것을 따라다닌다. 그게 바로 돈이 가는 길이다.

사람들이 똑똑해졌다. 뉴스에 뿌려지는 내용을 맹목적으로 받아먹지 않는다. 합리적 의심과 검증을 하고 여과를 할 정도로 현명해졌다. 우리는 최근 몇 년 전부터 엄포(?)에 가까운 강력한 부동산 정책을 통해 위기를 겪으며, 경제논리와 정치논리 사이의 많은 모순점을 보면서 지내왔다. 부동산 문제가 세금중과로 연결되며 각자가 재산을 지키고 키우는 방법에 대해 더 심도있게 공부하는 계기가 되었다. 물리 시간에 배운 작용반작용의 법칙을 부동산 정책을 통해 배우다니! 덕분에 실력으로 똘똘 뭉친 개인들은 이제 경제의 전반적인 상황을 읽고 판단할 정도로 스마트한 천하무적이 되었다.

시장과 반대로 가는 정부의 부동산 정책 브리핑 "집은 사는 것(Buy)이 아니라, 사는 곳(Live)"에 반기를 든 실행력 있는 액션을 누가 비난할 수 있겠는가. 현금이 가치를 잃어 가는데 말이다. 투자가 돈이 된다는 것을 안 이상, 신용대출과 영혼까지 끌어오는 과감성을 왜 마다하겠는가. 심지어 청춘들은 '부동산 데이트'를 하는 신풍속까지 생겨났고, 20~30대의 대화 주제에 주식과 부동산이 주메뉴로 등장한 것이 하나도 이상할 것이 없을 정도로 사면 오르는 통화량 마법을 보아 왔다.

MZ세대들의 생각은 경제 피해자나 실패자로 남지 않겠다는 것이다. 바뀐 산업 생태계에 평생 고용이나 장기근속 같은 말은 역사가 되어가고 있으니, 투자 없이는 경제적 자유를 얻지 못한다는 것을 아는 스마트 세대들이다. 라이프 사이클을 짤 때부터 그들은 다르다. 돈을 빠르게 많이 벌어서 조기 은퇴를 목표로 돈이 월급처럼 지속적으로 나올 수 있는 시스템을 만드는 세대들이다. '내가 원하는 대로 살겠다'는 파이어족의 출현은 세상이 바뀌고 있다는 변화지수로 보아야 한다. 자본시장에서 승자가 되려면 사람들이 원하는 것을 선택하면 된다. 이 현상을 부동산에 적용해 보자. 즉, 아파트가 대세이면 아파트는 시대의 주거코드인 셈이다. 수익이 있는 곳에 투자가 있게 마련이다.

　최근 파이어족(경제적 자립을 통해 빠른 시기에 은퇴하려는 사람들)을 꿈꾸는 것이 개인적 목표가 된 사람이 많다. 이 또한 하나의 변화지수이다. 경제적 자유를 얻어 구조나 시간으로부터 하루빨리 벗어나겠다는 것이 대세가 되었다. '경제적 자유'를 젊어서부터 꿈꾸는 것이 이제는 자연스러운 현상이 되어가고 있다. 너무도 당연하고 이해가 된다. 나 역시도 20대에 부자 동네에서 받은 신선한 충격이 동기가 되어 현재의 나로 성장해 왔으니까!

　중년 이후 누리는 시간의 자유는 젊어서 꿈꾸고 노력한 결과에 대한 보상인 것이다. 투자했더니 수익이 생겼고, 수익이 생기니 부(富)가 늘어나 시간의 자유가 생겼다는 논리로 연결된다. 누구나 꿈꾸는 자유이지만 그렇다고 아무나 자유를 누릴 순 없다. 냉정하지만 시간의 자유는 경제적 자유를 얻은 사람이 '돈으로 시간을 샀기 때문에' 가능한 것이다. 삶의 진정한 맛은 '얼마나 자유로운가?'에 스스로 대답할 수 있어야 한다.

　　　　　　　시시한 엄마에서 도도한 엄마되는 부동산 투자

05
말의 힘보다 센
돈의 힘

말 잘한다, 말이 많다, 말만 많다, 말로 다한다, 말만 번지르르 한
다, 말한 대로만 해라……. '말'이 들어가는 표현의 뉘앙스가 어째 별
로다. 아마도 누군가 저런 평을 듣는다면 그 사람은 정작 해야 할 것
은 안 하고 말로 다 때운다는 뜻으로 들릴 것이다. 말의 권위가 많이
저렴해졌다. 원인을 찾자면 말과 행동이 다른 언행의 불일치나 공짜
만 바라는 몰염치 심리 때문이 아닐까 싶다. 특히 파급력이 큰 정치인
이나 종교 지도자의 말은 무게감이나 결과에 대해 책임감이 더 막중
하다. 지켜지지 않는 약속이나 말은 정치 불신과 종교의 실족으로까

지 연결될 정도로 실천력을 요구하는 것이 말이다.

"나이 들면 입은 닫고, 지갑은 열라"는 말이 있다. 마음이 있는 곳에 돈이 가게 마련인데 "돈은 안 쓰면서, 분위기 파악도 못하고 말로만 하느냐?"는 핀잔일 것이다. 무엇이든 없을 때 진가를 나타낸다. 사람의 평판도 다르지 않다고 생각한다. 내가 없는 자리에서 남들이 내리는 평판이 진짜일 수 있다. 청자를 의식하는 달콤한 말은 사실이 아닐 가능성이 많다. 인간관계와 사회생활에서 돈이 파생시키는 범위는 인간사의 전부라고 해도 틀리지 않다는 것이다.

모임이나 행사에 초대받아 가보면 돈이 없는 사람은 발언권도 약하다. 돈이 자리를 만들기도 하고 인기를 만들기도 한다. 사실상 돈을 배제한 사회적 관계는 거의 없다고 봐야 되지 않을까? 나이가 들면 더 체감하는 것이 자본의 힘이라는 것이다. 심지어 내가 낳은 자녀들마저도 돈 없는 부모를 좋아하지 않는다. 슬프지만 사실이다. 돈은 관계를 정립하는 기준이고, 사람을 울게도 웃게도 하는 절대적 존재가 되어 버렸다.

좀 더 나가 보면, 가난하면 가족관계도 해체될 수 있다는 위기의식을 가져야 한다. 인정하고 싶지도 않고 이해할 수도 없지만 삶은 느낌이 아니라 처절한 서바이벌이기 때문에 그렇다. 잔인한 자본주의는 혈연도 깨뜨리는 주범이 되었다. 돈 때문에 가족 관계가 법정 다툼이나 사건사고로 바뀌는 뉴스도 종종 보지 않은가. 우리 가족, 내 자녀, 내 부모는 다를 것이라 생각하지만 결코 다르지 않다는 것을 인지하고 있어야 한다. 빈 곳간 앞에는 장사 없다. 단단한 관계가 자본 앞에 물거품이 되는 슬픔을 겪고 싶은 사람이 누가 있겠는가. 공부, 건강, 취미, 여행, 인간관계……. 자본 논리 아닌 것이 없다.

시댁 쪽에 잘나가는 부자 친척이 있는데 건설사를 경영하며 큰 부를 거머쥔 갑부다. 우리나라의 발전은 토목과 나란히 왔다고 할 만큼 건설업은 호황을 누려왔다. 그 친척의 가세도 덩달아 대단했다는 것이다. 자녀들의 소비력도 주변을 놀라게 할 만큼 거침없었다. 올해 63세인 친척의 딸은 대학을 다닐 때 자동차로 등교했다는 증언이 친척들 사이에 오갈 정도로 원 없이 살았다.

하지만 "부자 3대 못 간다"는 말이 그 친척을 피해가지 못했다. 실패의 원인은 돈을 관리할 능력이 부족했던 것으로 전해 들었다. 감당 못할 돈과 사업 성공은 사람을 꼭 딴짓으로 유도하는 샛길 유도자 역할을 한다는 것이다.

그 친척도 망하는 공식이 성립하는 조건을 따라가고 있었다. 남편의 외도, 생각 없는 자녀들, 사치로 지출 축소 불가 등 원인 없는 결과는 없다. 많다고 생각하며 귀한 줄 모르고 함부로 대한 돈의 복수는 비참했다. 그래서 하늘은 감당할 만한 사람에게 돈을 주는 것이 아닌가 하는 생각이 들 때가 많다. 부자가 된 사람은 그 모든 유혹과 욕망들을 눌렀거나 뛰어넘은 승자라고 본다면, 부(富)의 축적을 비난하거나 욕을 할 대상이 아니라는 것이다.

그 후 친척은 서서히 잠적에 가깝게 두문분출을 택했고, 후문으로 전해오는 소식은 부채로 재산을 다 빼앗겼다는 것이다. 일가의 집안 행사 때 들은 소식으로는 남이 알면 창피할 정도로 작은 집으로 이사해서 살고 있다고 했다. 돈을 다 잃고 난 지금 그 친척의 말을 귀담아 들어 주는 사람은 많지 않다. 돈과 함께 그의 위신도 위력을 다한 것이다. 한 마디로 끈이 다 떨어진 것이다. 돈이 수명을 다하면 내 존재감도 수명을 다한다.

돈 없으면 정말 서럽다. 경험한 사람도 있겠지만 이런 경험은 안 할수록 좋다. 별 말 아닌 것도 별 말처럼 들리고 소심해져서 자격지심과 열등감에 빠진다. 큰 병 생기기 전에 미리 건강검진을 받듯이 가난도 예방이 중요하다. 평범하게 살고 싶으면 자산을 키워야 한다. 돈이 없으면 평범함을 유지할 수가 없는 것이다. 말보다는 돈의 힘이 훨씬 강하니 강자에게 붙자. 바보야, 문제는 바로 돈이야!

06

자녀 교육도
결국 돈이더라

말의 위력은 대단하다. 나는 내가 뱉은 말이 언젠가 부메랑으로 돌아온다는 것을 믿는다. 평소 생각의 내비게이션을 '된다'와 '이룬다'에 세팅해 놓고 늘 미래를 살았던 것 같다. 요즘엔 '현재의 행복'에 초점을 맞춰 사는 게 유행인 것 같지만 나는 한 박자 더 나갈란다. 자산의 지경을 조금 더 넓히기 위해 무리하지 않는 범위에서 삶의 템포를 알레그로에 맞추겠다.

꿈을 꾸면 이뤄진다는 것을 나는 몸소 체험했다. 투자와 자녀 교육 두 가지 측면에서 이제는 나 스스로에게 후한 점수를 줘도 되지 않을까 싶어 '말한 대로 된다'는 말의 위력에 한 표 꾹 눌러 본다.

압구정으로 딸이 레슨을 다니며 상류층 자녀들은 어디서, 어떤 학교, 어떤 공부를 주로 하는지, 우리 아이들을 더 좋은 학교로 보낼 방법은 없는지 정보를 찾아 준비시켜 동네의 학교를 마다하고 덕수궁 돌담길에 있는 명문 중학교에 입학시키며, 새벽 5시 30분 기상을 기꺼이 감당했다. 새벽밥을 먹여 아이를 지하철역까지 태워다 주는 나를 보고 학교를 왜 그렇게 멀리 가냐고 묻는 아파트 사람들의 질문을 뒤로하고 우리는 우리들만의 시간을 채워 나갔다.

공부 안 하는 자녀에게 부모가 "네가 공부만 잘해봐라, 내가 달러 빚이라도 얻어 밀어줄게" 하며 공수표를 막 던지는 건 내 자녀가 절대 그럴 일이 없을 것이라고 확신하는 것일까. 아니면 저렇게라도 던져놓으면 공부에 열의를 보일 것이라 믿는 것일까. 어느 것이든 문제는 공부도 결국은 '돈'이라는 말을 하고 싶어서다.

"참새가 황새 따라가다 가랑이 찢어진다"는 말이 있다. 우리 집은 명문학교 학부형으론 참새과에 속하기 때문에 무엇이든 최소의 비용으로 최대의 효과를 내야 하는 경제원칙이 절대로 필요했다. 두 남매가 다 잘 견디고 감당해준 것이 대견할 뿐이다. 우리나라 30대 그룹 경영자의 자녀들이 대부분 동문인 학교, 현대판 '스카이 캐슬'과 '펜

트하우스'가 바로 그 학교 이야기와 흡사하다. 그 학교에 원거리 통학을 하며 묵묵히 3년 개근을 한 우리 아이에게 나는 늘 미안한 엄마가 될 수밖에 없었다. '명문'이라는 브랜드를 달기까지 결코 만만치 않았다. 최선을 다하고도 돈이라는 것이 사람을 미안하게 만들기도 한다는 것을 명문학교를 보내며 뼈저리게 느꼈다. 그러함에도 두 남매가 하고 싶은 공부를 지금도 원 없이 하게 되는 베이스는 바로 남들보다 조금 일찍 시작한 부동산 투자 때문이었다.

짧아진 남편의 정년을 걱정하기 전에 아내이며 엄마인 우리가 미래의 시간을 살아야 한다고 말해 주고 싶다. 자녀들은 부모를 넘어 넓은 세상을 위해 살아야 할 영웅들이다. 꿈을 향해 도전하는 자녀들 앞에 돈 문제가 가로막혀 좌절되는 것만큼은 막아야 하지 않겠는가. 말한 대로 되고 꿈은 이루어지는 것이다. 할 수 있을 때 자산을 키워 놓아야 한다. 미리미리 키운 자산은 필요할 때 요긴하게 쓸 수 있는 보험이나 다름없다. 이 책을 읽는 엄마들의 자녀 중 누군가는 미래를 바꿀 혁신가가 될 것이고, 또 누군가는 또 인류를 먹여 살릴 신기술을 개발할지도 모를 일 아닌가. 미래의 시간을 지금 심어, 꼭 필요한 때 꼭 필요한 자금이 꿈의 세계로 데려다 줄 것을 믿는다. 대한민국 부모들, 파이팅!

∧
07
新 모성애

미래사회에서의 모성애는 젖먹이고 밥 먹이는 것을 넘어, 부(富)의 싹을 심고, 가꾸고, 지켜낼 실력을 키워주는 경제 마인드를 가르쳐, 부(富)의 로드 맵을 그려나가는 것, 그것이 '신(新)모성애'라고 나는 주장한다.

'젠장…… 겨우 먹고 살았더니 이제는 부자까지 되라니…….'

전국의 아내와 엄마들의 질타와 푸념이 들려올지 모르겠다. 하지만, 아스팔트 갈라진 틈 사이로도 풀이 자라고, 높은 산 바위틈 갈라진 벼랑 끝에도 나무가 뿌리를 내리지 않는가. 엄마는 할 수 있다. 출

시시한 엄마에서 도도한 엄마되는 부동산 투자

산을 경험한 사람은 알 것이다. 아이에 대한 극진한 사랑이 도대체 어디서 오는지. 인생의 벼랑 끝에서도 굳건히 지킬 원초적 내리사랑이 모성애인 것이다. 경제구조에 의해 내 아이가 본인의 선택과 상관없이 가난으로 내몰리지 않도록 엄마들의 위대한 우주적 에너지는 깨어나야 하는 것이다. 할 수 있고, 될 수 있는 것은 외부에서 오는 것이 아니라 내 안에 잠든 에너지를 깨우면 가능한 것이다.

한 집안의 아내와 엄마는 길을 내는 사람이 아닐까. 물론 집집마다 각각 다른 가족의 형태와 패턴이 있을 것이다. 큰 범주로 보았을 때, 경제적 탄력성이 좋은 집은 아내와 엄마가 꾸준한 관심과 경제 공부를 하고 있는 경우를 실무를 통해 많이 보아 왔기 때문이다.

『2030 축의 전환』에는 미래 산업 트렌드가 여성이 가진 섬세함과 잘 맞는다고 진단하고 있다. 언택트 비대면 사회로 변모하고 중공업이나 중화학 산업이 주류를 이루던 시대는 남성적인 힘과 근육이 필요했지만, 모든 분야에서 과잉인 시대엔 기계적인 딱딱함은 승부수가 되지 못한다는 것이다.

사람과 사람이 공감하고 소통하는 '휴먼터치'가 산업으로 들어오며 여성들의 진가를 발휘할 기회가 열린 것이다. 소량생산 고부가가치로 방향이 바뀐 틈에 교육으로 무장하고 실력까지 겸비한 여성들의 역동성이 기성사회의 틀을 깨는 이슈가 되었다. 그래서인지 안전모를 쓰고 대형 선박을 건조하는 여성 책임설계자가 뉴스에 나오기도 하고 건설현장의 책임자가 여성인 경우도 조명되고 있다.

일에 있어서는 남녀의 구별이 따로 있지 않다는 의식의 변화는 이미 시작되었다. 남성 중심의 단단했던 벽도 실력 앞에는 명분을 잃을 수밖에 없다. 남성들의 주 영역으로 손꼽던 공학적 분야에까지 여성 특유의 섬세함이 여지없이 발휘되고 있지 않는가. 이미 시작되었고, 지속적으로 이어질 여성들의 도전이 불러올 미래의 부(富)가 남성들의 부(富)를 능가할 수 있다는 예측에서는 전율이 느껴질 정도다. 이것이야말로 복음 아닌가!

나는 태생적으로 멈춰 있는 것을 워낙 싫어하여 주변으로부터 별종이라는 소리를 종종 듣는 편인데 궁금하면 가보는 것이 당연하다 생각하니 역마살은 어쩔 수 없다. '궁금하면 나서보고, 길은 찾아야 하고, 없는 길은 내면 된다'는 개인 철학을 믿고 길을 나섰다.

남편의 급여 범위를 넘어서야 부자가 될 수 있겠다는 생각으로 수렴되니까 시장맞춤형 인간으로 움직여졌고 실천해 온 결과가 오늘이다. 큰 부자는 아니지만 내 경제 성적표에 만족한다.

"당신의 불행은 언젠가 잘못 쓴 시간의 복수"라고 했다. 지금 살림이 팍팍하다고 불평하고 있는가? 혹시 과거에 망설이다 놓친 기회가 저 멀리서 나를 조롱하고 있는 것은 아닌가? 부동산 투자에서 과거는 아무 소용없다. 준비해서 다시 올 기회에 승차하면 된다. 기회는 조용히 와서 준비된 사람에게 안긴다는 것을 나는 믿는다.

최근 공부하는 엄마들이 많아졌다. 시대가 바뀌는 것을 감지하고 자녀들에게 "공부만 공부만" 하지 않는다는 것이다. 수명이 늘어난 만큼 자기가 잘하고 좋아하는 직업을 선택하기를 응원하고 코칭한다. 강남의 청담동, 삼성동 엄마들은 자녀에게 CEO나 사업가 또는 투자자가 되라고 동기를 부여하고, 대화의 내용도 주식과 부동산 이야기가 많다. 심지어 어떤 자녀들은 살고 있는 집의 시세나 세금에 대해 묻기도 한다니 부(富)를 바라보는 관점이 많이 바뀐 것은 분명한 것 같다. 공부를 잘하면 전문직이 되라고 가르치던 과거 시대와는 확실히 차이가 있다. 신(新) 모성애는 공부하는 엄마의 모습까지 요구하고 있어 지혜로운 엄마와 센스 있는 엄마의 범위가 넓어진 것이다.

결과론적으로 공부하는 엄마들이 많아진 만큼, 성공하는 엄마들도 그만큼 많다는 것이다. 고난과 인내 없이 목적지에 이른 사람은 많지 않고, 결혼해서 가정을 이루며 단계적으로 감당해야 할 미션들이 있었을 것이다. 사람들은 보통 과정에는 관심이 없고 결과만 가지고 평가하는 우(愚)를 범하는데, 빛나는 결과 뒤에는 한 개인의 남모르는 처절함이 숨어 있다. 본인의 일과 자녀교육, 가정살림까지 대한민국 엄마들은 자신의 몸이 한 개라는 것이 안타까울 정도로 바쁘다. 자녀들의 돌봄과 경력 단절 사이에서 외줄타기를 하는 수많은 워킹맘들의 빼곡한 스케줄을 보면 존경스러울 정도로 바쁜 삶을 살아내고 있다. 나 역시도 같은 길을 걸어 온 사람으로 다시 젊음과 바꾸어 동일 스케줄을 감당하라는 미션이 주어진다면 나의 대답은 기꺼이 현재의 늙음을 택할 것이다.

공부하는 열정 엄마 밑에 자립심 강한 자녀가 나올 가능성이 높다. 때론 현재의 직장생활이 힘들고 지치겠지만 엄마의 능력과 함께 아이들도 분명 동반성장하고 있는 중이니 잘하고 있다고, 대견하다고, 스스로 칭찬해 주는 것을 잊지 말자. 무엇이든 자기 노력이 아닌, 타인으로 인해 얻은 공짜에는 그에 상응하는 통과의례가 반드시 있다는 것을 우리는 교훈을 통해 듣고 보아왔다.

엄마가 변하면 가정이 변하고 자녀가 변한다. 엄마는 가정의 방향타를 결정하는 중요한 위치를 차지한다. 가정의 더 나은 미래를 위해 길을 나서 보았는가? 나서지도 않고 앉아서 걱정만 하고 있지는 않은가? "걱정할 시간에 그것을 해결할 방법을 연구하라"고 했다.

길은 나서라고 있는 것이니 자리를 박차고 일어서 길을 나서보자! 경제 공부를 탄탄하게 하고 있는 아내와 엄마가 열어가는 부(富)의 길 앞에 가난이 끼어들 틈은 없다. 밥만 먹이는 것이 엄마의 역할은 아니다. 자녀들에게 꿈을 심어 주고 비전을 제시해 주는 신(新) 모성애를 발휘해 보자.

Part 2

부자가 되기로
결심하다

08

부자를
처음 만난 날

운명은 그렇게 찾아오는 것인가! 대학을 졸업하고 처음 직장을 구한 곳이 부산의 남천동 고급 주택가에 있는 음악학원이었다. 악기 외에는 딱히 내세울 것도 없는 나로선 부자동네인 그곳에서 많은 원생들을 만나며 신세계를 경험하듯 가까이에서 부자들의 생활을 들여다보는 기회를 만났다. 단순히 집이 다르고 옷이 다른 것만 아니고, 부자동네 특유의 문화를 보고 느낀 것이 가장 의미 있는 울림이었다.

모든 것이 풍족했던 동네인 까닭에 가끔 딸을 잘 부탁한다며 나를 집으로 초대한 학부형도 있었는데, 원생의 집은 잔디가 깔려 있는 넓

시시한 엄마에서 도도한 엄마되는 부동산 투자

은 마당과 풀장까지 있는 TV에서 보는 그런 저택이었다. 굳게 닫힌 저 고급 나무 대문 너머에는 무엇이 있을까?

궁금증으로 대문을 열고 들어간 순간 나는 얼어버렸다. 신기한 것은 그 집뿐이 아니었다. 동네 전체가 비슷비슷한 크기의 고급 주택들이 즐비했다. 동네를 한 바퀴 돌아보는 것만으로도 뼛속까지 서민의 딸인 나를 놀라게 하기에 충분했다.

보통 취미로 배우는 피아노는 주로 초등학교 저학년이 입문하는 편인데, 학생들의 부모 연령대가 거의 30대 후반이나 40대로 젊었다. 저렇게 젊은 나이에 큰 집을 소유하며 아이들을 마음껏 밀어주는 저런 부(富)는 도대체 어디서 왔을까?

나와는 동떨어진 환경이 그저 놀랍고 신기해 그들이 대단해 보였다. 가끔 '집이 너무 좋다', '나도 돈 많은 사람과 결혼해야지' 정도의 부러움을 갖고, 나에게는 전혀 현실로 나타나지 않을 것 같은 꿈을 꾸었다. 내가 돈에 일찍 눈을 뜬 것과 부자에 대한 꿈을 꾼 것은 첫 직장으로 간 남천동의 그 부자동네 덕인 것은 분명하다.

당시나 지금이나 이름만 대면 알 만한 유명한 모 기업의 딸 둘도 내가 가르친 원생이었는데 특히 그 집의 큰딸은 피아노를 워낙 싫어했다. 그 아이에게 레슨을 하면서 본인이 싫은 일을 억지로 하는 것이 얼마나 서로에게 괴로운 일인지를 경험했다.

한번은 그 기업가의 집에도 초대받은 적이 있다. 두 딸은 내가 자기 집에 온 것이 좋았는지 서로 자기 방의 귀한 물건들을 소개하느라 1층과 2층을 오르내렸다. 나는 근사한 거실에서 다과를 대접받으면서도 집의 규모와 시설에 주눅이 들어 그 집 엄마의 질문에 대답만 공손히 하고 나왔던 기억이 있다. 큰딸의 피아노 진도가 안 나가는 것이 내 탓인 양 연신 고개를 끄덕이며 말이다.

원생들의 아빠 직업은 기업가 아니면 대부분 전문직이었다. 유복하다는 것이 아이들의 옷이나 얼굴에 그대로 묻어났다. 주말을 지나 다시 만나면 아이들은 가족끼리 어디를 갔다 온 이야기를 늘 자랑처럼 내게 해주었다. 원생들이 입고 자랑했던 유명 아동복 브랜드에 영향을 받았는지 결혼 후 나도 딸에게 그런 옷을 사 입히기 위해 백화점을 드나들었던 기억이 있다.

내 삶의 새로운 전기는 그때 만난 부자동네 사람들의 삶을 엿보면서 시작된 것임은 부인할 수 없는 사실이다. 언젠가 나 또한 저런 집에 살아보리라 밑도 끝도 없는 부자 꿈을 꾸기 시작했으니까 말이다.

시시한 엄마에서 도도한 엄마되는 부동산 투자

09

시작부터
꼬였다

1990년대는 결혼이 거의 20대 중반에 하는 게 일반적이었다. 30대를 넘기면 사회적인 명칭인 '노처녀'로 불렸고, 떠밀려 가더라도 배우자감을 찾아야 했다. 백그라운드가 약하여 '부잣집 있는 남자'를 만날 확률은 희박하여, 차선책으로 지금은 비록 가난하지만 '부자가 될 가능성 있는 사람'이라도 잡자는 마음으로 개인적 검증을 거쳐, 밥은 굶지 않겠다는 생각으로 대기업 사원인 지금의 남편을 만났다. 서울에는 다른 인류가 살고 있을 것만 같았던 나는 본적이 종로구인 '서울 토박이'를 만나 결혼한다는 것에 의미를 두고 상경의 꿈을 꾸었다.

1991년 서울 성동구 금호동은 서울의 대표적인 달동네였다. 산비탈을 깎은 동네인지 경사도가 제법 되는 언덕에 다닥다닥 집과 집이 붙어 있어 옆집에서 주고받는 가족들의 일상 소음이 다 들릴 정도였다. 초라한 집들에서 느껴지는 누추한 기운에서 희망이라고는 도무지 있을 것 같지 않는 암울한 기운이 가득했다.

드라마나 소설 속의 달동네 풍경에서 그려내는 가난하지만 온정적인 따뜻함이 묻어나는 휴먼 이야기는 현실에선 없었다. 볼품없는 주택들 사이로 겨우 난 비탈진 오르막길은 매일같이 산행에 버금가는 가쁜 숨을 몰아쉬어야만 겨우 도착했다. 옆집 아주머니가 딸 점이를 나무라는 거친 소리는 여과 없이 내 귀에 꽂혀 기승전결을 궁금해 할 것도 없이 그 집 사정을 저절로 알게 되었다.

무엇보다 가장 충격적인 것은 씻을 수 있는 세면대가 따로 없어 좌변기가 있는 화장실에서 볼일과 양치질, 머리감기, 샤워까지 다 해야 한다는 것이었다. 사람이 씻고 닦는 매일의 일상이 누군가에는 전쟁 같은 일일 수 있다는 것을 처음으로 알게 되었다. 별로 크지도 않은 신장인데 그마저도 바로 세울 수 없는 낮은 천정 아래 좌변기를 배수구 삼아 양치한 물을 뱉어 내야 했다.

여기서 어떻게 사람이 살까 싶을 정도로 열악한 동네로 나는 시집

시시한 엄마에서 도도한 엄마되는 부동산 투자

을 왔던 것이다. 서울에 대한 근사한 동경은 와장창 박살이 났고, "서울 가신 오빠가 비단구두"라도 사올 줄 알았던 동요 속의 그 서울은 현실에선 없었다. 적어도 내겐 말이다.

사람을 둘러싼 환경은 '자아정체성'을 확립하는 중요한 요인이 된다는 것을 그때는 몰랐다. 결혼 후 비좁은 골목길을 비집고 다니며 금호동, 행당동 일대의 초라한 집들과 오가는 사람들을 가만히 관찰해 보았다. 달동네 특성상 벽과 벽이 붙어 있어 답답한 집의 구조만큼이나 그 속에서 살아가는 사람들의 생각도 답답하게 갇혀 있는 것처럼 느껴졌다. 열악한 환경에서 가난을 딛고 성공한 사람들의 이야기가 서사적인데 눈앞에 놓인 밥 문제가 미래의 꿈마저 삼켜버릴 만큼 절박한 가난이 달동네에 덕지덕지 붙어 있는 것 같았다.

전쟁을 겪어 보지 못한 나는 마치 전쟁 후 폐허가 이런 모습이 아닐까 싶었다. 앞으로의 험난한 삶의 서막을 예고하듯 칙칙한 회색 콘크리트 담이 나의 인생2막을 가두는 것 같았다.

영화 〈벤자민 버튼의 시간은 거꾸로 간다〉의 대사처럼 "사람의 운명은 어떻게 될지 모르는 것"이었다. 삶이 계획대로 흘러가지 않는다는 것을 일찍 인정하고 없는 것에 대한 기대를 빨리 포기하니 그때부터 현실이 보이기 시작했다. 내 의도와는 전혀 다른 방향으로 삶이 흘러가도 생각을 바꾸니 문제될 것은 없었다. 질곡의 시간을 넘어오니 삶은 돌고 돌아야만 원하는 곳에 도착할 수 있도록 설계되어 있으며, 혹독한 통과의례를 거쳐야 진정 내 것이 된다는 것을 깨닫게 되었다.

나는 가난이 '사람 문제'라고 결론내렸다. 사람은 환경을 뛰어넘는 호연지기보다는 환경에 갇히고 지배받아 서서히 순응하는 습관에 젖어 무기력이 학습될 가능성이 높다. 보통은 살아온 대로, 보아온 대로 살게 될 가능성이 높다. 부자가 된 사람도 이유가 있듯이 가난한 사람도 가난한 이유가 분명하게 있는 것이다.

공부하지 않고 현실이 달라지길 바라는가? 하늘은 우연을 바라는 사람에게 기회를 주지 않는다. 부자가 된 사람은 운이 좋았던 게 아니다. 스스로 질문을 해야만 삶이 달라질 가능성이 높아진다. 최선을 다해 보았는가? 극진하게 도전해 보았는가? 눈앞의 현실을 피하지 않고 정면으로 마주해 보았는가? 행운은 그들에게만 없었을까? 아닐 것이다. 상황은 언제나 나빴고, 핑계는 언제나 넘쳐난다.

10

가난은
내 대에서 끝낸다

.

　결혼 후 곧바로 '가난은 내 대에서 끝낸다'는 생각으로 나는 결혼 전 해오던 피아노 레슨을 다시 하기로 마음먹고 신혼집이 있던 인천의 한 동네에 경력을 살려 피아노학원에 곧바로 취직을 했다. 신혼집으로 얻은 주택에서 전세로 1년 여를 살며 낯선 지역에서 차츰 적응해 가고 있을 때쯤, 운 좋게도 남편의 회사 사원아파트에 입주할 기회가 주어졌다.

　무보증인 사택 덕분에 우리는 신혼집 전세보증금을 그대로 저축할 수 있었고, 남편의 회사는 도보로 15분이면 출퇴근이 가능하여 맞벌이로 현금이 조금씩 쌓였다. 그즈음 남편이 총각 때부터 불입한 주택청약통장으로 인천의 갈산지구 24평 아파트까지 당첨되는 행운을 얻게 되었다.

금방 부자가 될 것 같았다. 하지만 삶이 그리 쉬운가. 신혼 때부터 달동네 시댁으로부터 우리 부부가 재정적 감당을 하지 않으면 안 되는 절박한 청구서가 날아들기 시작했다. 알고 보니 늦깎이 결혼을 한 남편이 결혼 전까지 집안의 살림을 책임져 왔기에 결혼을 했다고 나 몰라라 발을 뺄 수 없는 생계형 수혈이 늘 필요했던 어쩌면 예고된 결과였다. 생계형 가난이었기 때문에 단발성으로 끝날 문제가 아니라 두 집 살림을 해야 하는 난감한 상황들은 계속해서 이어졌다. 경제적 자립이 안 되는 시댁은 늘 부부싸움의 원인으로 남았고, 개념 없는 상황을 이해할 만큼 나 또한 그렇게 너그럽지도 않았다. '부자가 될 가능성이 있는 사람'이 아니라, 알고 보니 '가난할 수밖에 없는 구조적인 인물'을 만난 것이었다.

장고 끝에 학원을 내가 직접 차리기로 마음먹고, 첫째와 연년생인 둘째아이가 8개월일 때 곧바로 나는 피아노학원을 개원했다. 둘째는 업고, 겨우 자기 몸 추스르는 첫째를 끌고, 아이들이 쓸 것을 챙겨 버스로 출퇴근하는 것이 안타까웠는지 남편은 중고자동차를 사주었다.

다행히 결혼 전부터 운전학원을 다녀 운전면허증이 있었다. 1991년 당시로는 여자 운전자가 그렇게 일반적이지 않을 때였는데 바퀴를 장착하고 보니 시야는 넓어졌고, 그때부터 세상에 대해 자신감이 점점 붙기 시작했다.

주 5일 수업이라 시간적 여유가 있어서 나는 주말이면 미래에 생길 전철 계획이나 도심 확장성이 있는 지역을 물색해 곳곳을 돌아다니며 임장에 힘썼다. 뒷자리에 연년생 남매를 태우고 소풍을 다니듯 도심 외곽의 한적한 동네와 큰 도로를 중심으로 취락지구를 계속 구경하듯 다녔다. 답은 항상 현장에 있다는 생각을 했다. 농사일 하는 동네 어르신을 만나면 말도 걸어보고 인사도 하며 현장뉴스를 취합하기도 했다. 돌아와서는 지도를 펴서 오늘 다닌 경로를 되짚어 가며 조금씩 시야를 넓혀 갔다.

그때나 지금이나 극성스러운 나의 활동성이 궁금증 해소에 많은 도움이 된 것은 사실이다. 달동네 시댁을 보는 순간, 이대로 후반부 인생을 살 수는 없다는 절박함이 맞벌이와 부동산에 대한 관심으로 나타났다. 처음엔 길을 잘못 찾아 헤매기도 하며 묻고 또 물어서 낯선 곳을 많이 돌아다녔다. 지금처럼 정보를 얻는 것이 쉽지 않아 깨지고 엎어진 것이 한두 번이 아니었다. 반복될수록 시간도 단축되고 시야도 넓어지는 것 같았다. 공부와 관심이 깊어질수록 어렴풋한 사실들이 또렷해졌다.

그렇게 찾고 찾아 딸이 다섯 살일 때 처음으로 지하철역이 생길 주변 토지 481평을 매수해 지주가 되었다. 땅을 계약하고, 미래에 완성될 밑그림을 상상하며 시간을 믿고 기다렸다. 그 시기 사원아파트에 사는 또래 엄마들은 부동산에 관심이 그렇게 많지 않았다. 하지만 나는 '먼저 사면 이긴다!'는 확신을 갖고 남들보다 빠르게 부자가 되기를 갈망했다. 그때가 30대 초반이었으니 지금 기준으로는 매우 빠르고 도전적이었다.

당시는 10년 단위 인생 계획이 유행할 때였다. '1억 모으기', '10억 재산 불리기' 등 화폐단위가 낮을 시기 현금 1억은 월급으로 도달하기 힘든 액수였다. 10년 주기 플랜이 많았던 때에 '내 나이 40쯤에는 어느 정도의 안정적인 자산 규모를 갖추자!'는 꿈을 꾸었다. '가난은 내 대에서 끝내겠다'는 동기 부여가 꿈을 이끌어가는 견인차 역할을 했던 것이다.

시시한 엄마에서 도도한 엄마되는 부동산 투자

11

다시
부자동네로

딸이 일곱 살 때부터 압구정 한양아파트로 바이올린 레슨을 다녔다. 우리 집 남매는 내가 하는 피아노학원에서 원생들과 같이 자랐기 때문에 음을 이해하는 능력이 탁월했던 것 같다. 수십 명이 와서 매일 연습하는 곡들을 반복적으로 들어서였을까? CD를 들려주면 글도 모르는 아이들이 거짓말처럼 음을 곧잘 찾아내길래 제대로 입문시키자 마음먹고 압구정으로 레슨을 받으러 아이들을 태우고 다녔다. 당시 집은 인천 계양구였는데 주말을 이용해 주1회씩 올림픽대로를 타고 멀리 압구정까지 원정 레슨을 다닌 것이다.

딸이 레슨을 받는 한 시간 동안 둘째아이를 데리고 압구정 아파트 주변을 배회하며 시간을 보내야 하는데 눈에 보이는 것이 다 신기하고 고급스러워 보였다. 결혼 전 부산의 남천동 대저택에서 느낀 생각들이 플래시백 되며, 결혼으로 잠시 잊고 있었던 부자에 대한 로망이 압구정으로 레슨을 오며 다시 살아났다.

그때 나를 놀라게 한 것은 압구정 현대아파트 앞 대로변에 진을 친 증권회사와 은행들이었다. 시장은 필요에 의해 자연발생적으로 움직이는 법이 아니던가! 돈이 많은 동네이니 로드 상가에 온통 금융 점포가 즐비한 것은 당연한 것인데 나는 촌스럽게 속으로 감탄하며 부자 동네의 진면모에 적잖이 놀라고 있었다.

한양아파트 바로 옆이 압구정 갤러리아 백화점인데 시간을 보내기에 백화점만한 곳이 없기에 둘째를 데리고 기껏해야 아이쇼핑이지만 갤러리아 명품관에 뭐가 진열되어 있는지 돌아보자는 마음으로 몇 바퀴를 순회했다. 하지만 내 수준에 구매할 만한 물건은 눈에 띄지 않았고, 어쩌다 점원과 눈이라도 마주치면 애써 피하기 바쁜 형편이라 한없이 기가 죽었다.

내가 사는 동네에선 상대 비교에서 우위에 있다고 생각하고 압구정까지 개인레슨을 받으러 올 만큼 가정 경제가 올랐다고 생각했는데 압구정 일대는 천상계 같은 별천지로 느껴졌다. 딸이 몇 년을 압구정으로 레슨을 다녔기 때문에 나는 신사동, 압구정 로데오, 청담동을 많이도 걸어 다녔다. 대한민국 대표 부자동네를 배회하면서 어떻게 하면 부자가 될 수 있을까 하는 생각에 머물러 있었다.

답도 없는 고민거리가 머리를 떠나지 않았다. 나는 연금술사에 나오는 명대사 "사람이 어떤 것을 간절히 소망할 때 온 우주가 그 꿈을 이루도록 도와준다"는 에너지를 믿고 또 공감한다. 현실 속 내 위치를 보면 가능성이 희박하지만 간절히 원하면 된다니까 '된다! 된다! 된다!'를 다짐하며 부자 마음으로 고쳐먹었다. 압구정을 오고 가며 우리 아이들을 좋은 학교, 좋은 동네에서 교육시키고 싶은 꿈을 구체화시키는 용감한 엄마가 되어 가고 있었다.

어떤 날은 딸의 레슨이 끝나길 기다리며 둘째를 아파트 놀이터에서 놀게 했는데 놀라운 것은 그 시설 좋고 조용한 놀이터에 아이들이 보이지 않았다. 한참 후에 알게 되었지만 압구정 아이들은 뭔가를 배우러 다니느라 놀이터에 나올 시간이 없었던 것이다. 그 덕분에 주말마다 우리 아이들은 기다림도 다툼도 없이 거의 놀이터를 독차지했다.

아파트 앞 마트에서 또 한 번 받은 충격은 장보기 문화였다. 글쎄 반찬을 만들 수 있는 재료를 파는 것이 아니라 바로 먹을 수 있는 완

제품이 냉장고에 가득 진열되어 있는 것이 아닌가! 동네 수준 차이가 내 온몸을 흔들고 지나갔다. 한 푼이라도 아끼려는 우리 동네의 원재료 장보기와는 격이 다른 압구정 클래스를 보고 '돈은 무조건 많아야 되겠구나!' 뭐 그런 생각을 했던 것 같다. 요즘이야 일반 동네에서 흔히 볼 수 있는 마트 풍경이지만 90년대 후반에 이미 압구정 아파트 단지에는 분명 그들만의 리그가 있었다. 그렇다. 나는 압구정에서 경상도 말로 '쭈구리'가 되었다.

시시한 엄마에서 도도한 엄마되는 부동산 투자

12

상급지로
이사하기

골프를 배우며 운칠기삼(運七技三)이라는 말을 처음 들었다. 그 운 7할은 나에게도 적용되었다. 사원복지 혜택인 남편의 회사 사택에서 11년을 이사 없이 거주할 수 있었던 것이 경제적 안정을 찾는 데 큰도움이 되었다. 자녀들의 어린 시절을 혼란 없이 비슷한 또래와 이웃을 사귈 기회를 얻으며 살게 되었고, 전세 만기 2년마다 이사를 해야하는 번거로움이 나에겐 없었다. 사택을 무보증으로 거주한 행운은 신혼집 보증금이라는 목돈을 다른 곳에 투자할 수 있는 기회가 되었으니 생각할수록 고마운 회사였다.

운 좋게도 내가 사는 지역에서 멀지 않는 곳에 상동신도시 개발계획이 발표되었다. 이런 신도시는 선호도가 높아 경쟁이 치열하다는 것을 감안하면 사전 예습은 필수다. 대단지 공급은 건설사들이 앞다투어 동시 분양을 실시하기 때문에 그때를 놓치면 훗날 크게 후회할 날이 온다는 것을 명심해야 한다. 기회는 왔을 때 잡는 것이다.

신도시는 원시의 논밭을 밀고 도시를 새로 만드는 사업이기 때문에 그야말로 도시 자체가 신상품이라는 것이다. 자족 기능을 갖추도록 도시가 설계되기 때문에 주거, 교육, 교통, 공원과 근린생활시설 등 생활환경이 쾌적하게 탈바꿈되는 것이다. 그렇기 때문에 신규 분양을 받는다면 자산점프의 기회가 된다. 시장은 돈 냄새를 맡는 데 천부적이다. 신도시 개발 대대적 홍보에 힘입어 모델하우스로 몰려든 인파는 모두가 다 경쟁자였다. 내 집 마련을 하겠다고 벌떼처럼 몰려든 군중 속에 나도 속해 있었다.

상급지로 집을 갈아타기로 마음먹고 분양을 받기 위한 일련의 과정을 겪으며 경기도 부천시에 있는 상동신도시로 신규 입주를 한 것이다. 결혼 12년차를 넘기며 집 평수를 넓혀 상급지로 주거지를 옮기고 나니 신도시 생활에 맞게 삶의 새로운 변주곡을 만난 것이었다. 나는 그때 신도시는 집만 새것이 아니라 사람도 새것 같다는 생각을 했을 정도로 모든 것이 쾌적하고 정돈된 '새것'이 주는 만족감에 빠져 있었다. '문화도시 부천'의 콘셉트에 맞게 문화생활을 누릴 만한 프로그램과 장소가 많은 신도시로 이주하니 삶은 한 옥타브 레벨 업이 확실히 되었다.

그즈음 운영하는 학원의 원생들도 많이 불어나 수입도 제법 안정을 찾아갈 때쯤 아파트 같은 라인에 거주하는 60대 주민으로부터 새로운 희망을 보게 되었다. 내용인 즉, 경기도 화성시에 집안 대대로 내려오는 토지가 제법 많았는데 그곳이 개발예정지로 편입되며 토지보상을 엄청나게 받게 되었다는 소식이었다. 어차피 나와 체급 자체가 안 맞으니 비교는 의미가 없었지만 그 분의 라이프 스타일이 참 부러웠다. 죽을 때까지 다 못 쓴다고 자녀들에게 일부를 분배해 주고 자기만을 위한 시간의 자유를 누리는 새로운 롤 모델을 만난 것이었다. 그 분은 K은행에 VIP로 은행 행사에 초대되었고, 미술관에 그림을 보러 가기도 하며 제법 중산층처럼 사는 것이 아닌가!

상급지 이사는 상급지에 사는 사람들의 문화에 들어온다는 의미와 같다. 신도시는 젊고 소득수준이 더 높은 사람들이 이주해 오기 때문에 보고 배울 기회가 그만큼 많다는 것이다. 주민들의 연령대도 비슷하고 생활수준도 비슷하여 한 단계 업그레이드가 된 환경으로 변모된 것이다. 부(富)의 크기가 더 큰 잠정적 거물급(?)을 만날 기회가 더 많아졌으니 롤 모델이 있다는 것만으로도 운(運)이 좋은데 주변에 새로운 모델들이 계속 나타나는 것이 아닌가!

"스승은 절대 자기 발로 걸어오지 않는다. 니즈가 있을 때 나타난다"고 했는데, 신도시로 이주하여 뜻밖에 또 한 명의 스승을 만난 셈이다.

최근 부동산 가격이 올라가며 거주지가 등급화 되는 현상일까? 주소도 스펙이라는 말이 생겼다. '어디서 사느냐?'가 이렇게 중요했던가? 그래서인지 보유나 거주 상급지에 대한 로망을 더 키우고 있는 분위기다. 인품도 아니고 무슨 주소를 중요시하는가? 사회 인문적 관점에서는 이해 못할 일이지만, 경제적 인류에게는 '어디서 사는 사람인지' 주소 문제가 그 사람의 명함이 되는 경제적 질문 코드가 되었다.

실제 1주택을 갖고 있는 유주택자가 인프라가 우수한 상급지로 이사를 가기 위한 수요가 생각보다 많기도 하고, 소득이나 자금이 높을수록 상급지를 선호하는 것은 당연한 현상이다. 우리가 열심히 일을 하고 자본활동을 하는 것도 따지고 보면 상급지로 이주하고 싶은 꿈 때문이 아닌가. 객관적으로 검증된 상급지는 리스크 관리 면에서도 오를 때 확실히 올라주고, 내릴 때 덜 내린다는 것이다.

나 역시도 지역 내에서 상급지인 상동신도시에서 더 좋은 직업군의 사람들과 더 높은 중산층을 만나며 새롭게 보고 배운 것이 많았다. 나의 생활권역 가까이에서 일어나는 부동산 개발 계획에 항상 관심을 갖고 지켜 보아야 한다. 예나 지금이나 신규주택은 완공되면 지역의 시세를 주도적으로 차고 나가는 기준이 되기 때문이다.

　나는 운전을 하다가 타워 크레인과 토지 가림막이 쳐져 있으면 버릇처럼 궁금증이 발동해 가보거나 찾아본다. 보다 나은 상급지로 이사를 가는 것 또한 자산을 업그레이드 하는 하나의 방법인 것이다. 꿈을 꾸자. 꿈은 이루어진다.

13
원하는 꿈에
최면 걸기

"눈앞에 엄청난 보물이 놓여 있어도 사람들은 절대로 그것을 알아보지 못하네. 왜인 줄 아는가? 사람들이 보물의 존재를 믿지 않기 때문이지. 하늘은 자아의 신화를 살아가는 사람들만 도와주지. 누군가 자아의 신화를 찾으려 하면 우주 만물이 그를 도와준다네."

연금술사에 나오는 명대사이다. 나는 한때 이 말의 위력을 실험하는 마음으로 줄 노트에 하루 백 번씩 '나는 반드시 부자가 된다! 나는 반드시 부자가 된다!'라고 반복해서 쓰며 마음의 소원에 집중한 적이 있다. 그래, 된다니 될 거야! 자기 최면을 걸고 하루하루 같은 문장, 같은 메시지를 계속 쓰기 시작했다.

'나는 반드시 부자가 된다! 나는 반드시 부자가 된다! 나는 반드시 부자가 된다……'

백 번씩 쓰면서 어떤 날은 마음이 흔들리고 이게 정말 될 건가 의심하며 습관처럼 쓴 날도 있었지만 된다면 되는 마법에 최면을 걸고 쓰고 또 썼다. 세계적인 도시락 회사 〈스노우 폭스〉 김승호 회장의 강의를 통해 배운 대로 실천한 것이다. 나는 그 강의를 듣고 한 귀로 흘려보내지 않았다. 믿거나 말거나가 아니라 무조건 믿고 꾸준히 그렇게 했다. 남들이 보면 마치 주술을 믿는 바보처럼 의심 없이 말이다. 신기한 것은 정말로 어느 정도 쓰기 시작하면 태도가 달라지고 목표 지향점이 또렷해진다는 것이다.

먼저 목표를 설정하고, 목표를 향한 집중력을 꾸준히 발휘해야 한다. 나는 30대에 '5050' 즉 50대에 50억 목표로 생각과 마음을 세팅해 두고 살았다. 물론 목표치를 달성했다. 된다고 믿고 노력한 결과 피그말리온 효과가 나타난 것이다. 목표를 세울 30대 때는 막연한 꿈이었지만 이왕 꾸는 꿈 크게 꾸자는 마음으로 공부하기 시작했다. 돈이 어디로 가는지 일찍부터 관심이 많았던 것 같다. 목표한 나이에 꿈을 이룬다고 생각한 사람은 절대로 흘러가는 대로 그냥 살지 않는다는 것을 나는 안다. 목표가 없는 사람은 대부분 관성대로 어제 같은 오늘, 오늘 같은 내일을 살게 된다는 것이다. 뭔가를 마음먹는다는 것은 참을 것과 견딜 것, 포기할 것이 많아진다는 말이다. 고통과 시련 없이 나오는 결과는 별로 없지 않은가. 세상은 "No Pain, No Gain"이다.

내가 아는 K씨는 먹는 것 좋아하고, 사람 좋아하고 거기다 살도 넉넉한 평범한 옆집 아줌마였다. 그런데 그녀가 지인을 따라 보험회사에 교육을 받으러 갔다 온 이후 사람이 변하면 저렇게도 되는가 할 정도의 엄청난 변화를 몰고 올 정도로 '자기 꿈에 최면을 건' 사람이 되었다. 그녀는 보험회사를 통해 금융교육을 받는 동안 생각이 스위치 전환을 한 것 같았다. 시간이 지날수록 그녀는 주변의 상식을 깨뜨리며 계속 파격을 일으켰다.

아줌마 세계를 놀라게 한 것은 과감한 그녀의 변화 속도였다. 그녀는 부자에 꽂혔는지 부자 마케팅에 눈을 돌려 부자를 상대로 한 라이프 설계를 시작한 것이다. 심지어 자기 힘으로 할부를 갚겠다는 배짱으로 일을 시작한 지 몇 개월도 지나지 않는 상태에서 고급 중형세단을 뽑았다. 외형으로는 번지르르한 부자였다. 간 크게 자동차를 뽑은 문제로 부부싸움도 많이 했다는 후문이 있지만 당시 그녀는 정말이지 과감 그 자체였다. 나도 부자 공부를 좋아한 관계로 그녀와 말이 잘 통했고, 부자가 일반인과 다른 점이 무엇인지를 서로 이야기하며 그녀를 지켜 보았다.

그런데 신기한 것은 시간이 갈수록 그녀가 실제 말한 대로 살아가며 부자 고객들을 점점 닮아 가고 있는 것을 보게 되었다. 부자를 만나기 위해 자기 이미지를 하나씩 바꿔가는 모습에서 노력이 엿보였다. 생각, 말, 헤어스타일, 옷, 걸음걸이, 인사하기, 자동차 등 내가 그녀를 처음 본 그때와는 전혀 다른 사람이 되어가고 있었다. '사람이 저렇게 바뀌는구나!' 그저 놀라웠다. 2002년 그때, 그녀는 미래에 자기는 반드시 지점장이 될 것이고, 자기 가정을 경제적 부유함의 경지에 올려놓겠다며 주변에 이야기하고 다녔다는 것이다.

먹는 것 좋아하고 사람 좋아하는 그녀의 장점까지도 일과 접목시켜 고객에게 맛난 음식을 대접하거나 상대의 말을 잘 들어주는 노력을 해가며 실적으로 연결했고, 자신의 이름을 널리 알리며 사회에 적응해 갔다. 이사로 그녀와의 인연이 끊어져 잊고 있었는데 그녀의 소식을 20년이 지나 다른 지인을 통해 듣게 되었다. 그녀는 그녀의 말처럼 유명 보험회사의 지점장이 된 지 오래 되었고, 멋있는 금융전문가로 탄생했다는 것이었다.

만약 노력해도 안 된다면 나의 현재의 모습을 탐구해 보아야 한다. 진단되는 것이 분명 보일 것이다. 계획이 엉망이 되었다면 다시 정비하면 되는 것이다. 꿈을 꾸고 있다면 그것을 말로 선포하여 꿈에 대해 주변에도 알리고 실행해 나가는 것이다. 그렇게 하다 보면 말의 책임 때문에 더 목표에 집중하게 된다. 의지가 무너질 때는 지속적으로 내 꿈에 자기 최면을 걸어야 궤도 이탈이 적다. 누구나 시작은 기반이 약하고 갈 길이 멀다.

나 역시 환경에 취약하고 보잘 것 없는 출발점이 있었다. "지금 마음에 꿈틀대는 꿈이 있는가? 최종적으로 안착하고 싶은 상급지로 정한 곳이 있는가? 지금보다 딱 10년 후 어느 동네에서 어느 정도의 집에 살 것인가?"를 상상해 보라! 이미지를 그려서 그 꿈을 마음에 저장해 놓고, 꿈이 반짝이게 늘 염두해 두고 살아보자. 된다면 반드시 되는 것이다. 구체적 목표를 세웠다면, 그것을 내 것으로 만들기 위해 꾸준히 실행하면 안 될 것이 있겠는가. 된다고 마음을 정한 사람은 되는 것이다. 이것이 자기 확신이고 자기 최면인 것이다.

내 힘과 내 의지로 한 발을 내딛어야 한다. 매물이 있는 동네를 자주 가 보거나 그 주변을 돌아보고 기도하는 마음으로 강한 신념을 다져야 내 것이 될 것 아닌가. 부동산은 움직일 수 없어서 부동산이라고 부른다. 내가 가야 한다. 움직이는 주체는 바로 나 자신이라는 것을 잊지 말자. 주변을 돌아보고 언젠가 이 동네에 입성한다고 주문을 걸어두자. 세상은 한 만큼 반응한다. 내가 준비하고 공부한 만큼 반응하는 운동법칙이 바로 마법이 아닐까. 내 생각이 바뀌면 세상은 다르게 보인다.

지금 나이에 플러스 10을 더한 미래의 그때 나는 어디서 어떤 위치에 있을까. 최면을 걸자. 된다면 된다!

Part 3

부동산 투자의
첫걸음

14

일단은
경제 공부부터

공부 없이 뭔가를 한다는 것이 얼마나 위험한 것인지 아는가. 그것
이 무엇이든 기본은 공부다. 천리 길도 한 걸음부터인데 어떤 것을 깊
이 알려면 공부는 필요조건이다. 상투적으로 들릴 수도 있지만 꾸준
히 공부하기를 실천하는 사람은 많지 않다. 그 가치를 간과하기 때문
에 중도에 포기하는 사람이 많다.

인간을 근본적으로 악하다고 보는 순자의 '성악설'을 바탕으로 나
의 경험치를 얹어보면 이렇다. 모르는 사람이 좋은 기회를 잡은 것에
는 평정심이 크게 흔들리지 않는다. 하지만 비슷한 출발선에 있었던

시시한 엄마에서 도도한 엄마되는 부동산 투자

지인이나 친구, 동료가 나보다 우위를 점했다면 마음의 고요는 금방 깨지고 만다. 평소 나와 별다른 차이를 못 느낄 정도의 가까운 사람이라면 그 충격은 더 크다. 갑자기 급 우울 모드가 되는 것이 사람 마음이다.

중국의 전국시대 위나라 사람 손빈이 제나라와 내통한다며 두 다리를 자르는 형벌을 받게 누명을 씌운 것은 질투에 눈이 먼 친구 방연이었고, 순자의 문하에서 동문수학한 한비자에게 누명을 씌워 죽게 한 자도 글과 밥을 나누던 친구 이사가 아니던가! 천하를 얻은 장수가 부하나 2인자의 칼에 제거되는 예가 역사에 즐비한 이유가 무엇을 말해 주는 것일까.

질투와 시기는 역사에만 있지 않다. 나보다 더 노력하고 공부한 상대를 인정하기보다는 '나보다 앞서 간다'는 그 사실 하나가 사람의 심리를 자극하는 것이다. 옆자리 동료가 쉬는 시간에 "지난번 사 놓은 아파트가 많이 올랐다"는 소리를 하면, 나보다 잘나가는 상대가 왠지 불편하고 기분이 나쁘다. 언제 어떤 경로로 수익을 냈을까. 갑자기 밀려오는 묘한 감정과 부러움에 몸서리를 치는 게 보통의 사람 심리라는 것이다.

정작 기쁘고 좋은 일에 진심으로 화답해 주는 통 큰 마음은 말처럼 쉽지 않다. 박수를 쳐 주면서도 입꼬리는 내려간다. 성격이 나빠서가 아님을 알기에 나는 이것을 '심리'라고 부른다. 인간의 표리부동은 상황에 따라 달라지는 '변동성'의 가장 적절한 예라는 것을 업무를 통해 자주 경험하고 있다. 그래서 나는 다시 한 번 공부의 당위성을 외친다.

공부하기는 싫고 부자는 되고 싶은 A씨가 있다. 나와 비슷한 연령의 여자 고객으로, 사무실에 방문하면 골프 이야기로 대화를 주도해 나간다. 내가 그녀를 안 수년 동안 거의 바뀌지 않는 그녀의 화젯거리는 늘 골프의 범위를 벗어나지 않는다. 취미가 다르다고 하여 비난할 수는 없지만, 본인의 증언에 의하면 그녀의 경제적 형편은 중하(?) 정도인 것 같다. 같이 내방하는 다른 고객의 자산이 불어나는 것을 아는 A씨는 그 지인을 부러워하면서도 정작 자신은 공부에 관심이 없다는 것이다. 투자에 관심을 갖고 차근차근 공부해 볼 것을 여러 번 권하였지만 달라지는 것은 없다. 그녀가 골프를 선수처럼 치는지는 나는 알지 못한다. 다만 경제 성적표로 이야기하면 현재 그녀는 구도심의 빌라를 소유하고 있고 나이는 50 중반을 바라보고 있다는 것이다.

상담을 하다 보면 "아는 것이 없어 투자를 못 한다"고 하는데 "나는 알려고 하지 않았다"로 듣고 싶다. 지금 당장 서점으로 가자! 수많은 현자들이 두 팔을 벌리고 나를 기다리는 서점으로 가자. "한 사람이

시시한 엄마에서 도도한 엄마되는 부동산 투자

온다는 건 실은 어마어마한 것이다. 한 사람의 일생이 오기 때문이다"는 정현종의 시가 떠오른다. 절대 고수가 비법을 전수코자 책으로 엮어낸 비책이 여기 있다고 손짓하는데 그 앞에서 시간 없다는 말이 왜 그렇게 궁색해 보이는지…….

평범한 아내와 엄마가 어느 누구를 붙잡고 부자 되는 법을 묻겠는가? 서점으로 가라! 책과 친해지자! 도전했다가 실패하고 절망하며 살아남은 현자들이 빗장을 열어 놓고 나를 기다리고 있다는 것을 명심하자. 경영 컨설턴트 한근태 님의 말을 빌리면, 평생학습사회에서 문맹인은 "글을 모르는 사람이 아니라, 공부하지 않는 사람"이라고 했다. 경제 근육을 만들려면 경제 공부부터 시작해야 한다.

아이들의 학령기에 나도 같이 공부와 책 읽기를 꾸준히 해 왔다. 그 결과 서로가 서로에게 버팀목과 모델이 되었던 것이 아닌가 생각한다. "건강한 청년으로 잘 성장해 줘서 고맙다"고 가끔 우리 아들 딸에게 고백하면, "엄마도 우리와 같이 한 것"이라는 대답이 돌아온다.

나는 결핍이 많은 사람이라 책을 통해 마음의 지평을 조금씩 넓혀갔다. 집에서 멀지 않은 거리에 공공도서관이 있었던 것이 책과 친하게 된 계기가 되었다. 시간만 나면 시립도서관 3층의 열람실에 자리를 정해서 보고 싶은 책을 많이도 읽었던 40대 시절이 있었다. 경제적 자유를 얻은 근간에는 부자 탐구하기와 책이 자리하고 있다.

지금은 안다. 우리가 하는 그 어떤 경험도 버릴 것이 없다는 것을 말이다. 안 해도 될 것 같은 경험도 필요할 때가 있다. 우리가 걸어온 모든 것은 역사다. 나라의 역사만 중요하겠는가. 개인의 역사도 중요하다. 그렇다면 우리 모두는 역사의 주인공인 셈이다. 나라를 말아먹는 어리석은 왕이 있듯이 삶을 말아먹는 대책 없는 개인이 있을 수 있다.

책 속에 숨겨져 있는 지혜가 별처럼 반짝인다. 한가로이 내가 원하는 현자들을 만나는 나만의 시간은 내가 만든 내 세상이다. 부동산을 알려면 부동산에 대한 공부가 먼저다!

⌂
15
내 좌표는
어디지?

엄마들 사이에서 농담처럼 하는 말이 있다. 왜 우리 할아버지는 독립운동을 하셔서 자손에게 물려줄 땅이 없냐고. 일제강점기 친일의 대가로 받은 엄청난 땅을 그 후손들이 찾아내 그로인해 땅 부자가 되어 자손대대 떵떵거리며 사는 꼬락서니에 비위가 꼬여 죄 없는 할아버지까지 소환된다. 상속부자가 누리는 경제적 부를 노동소득이 절대로 따라갈 수 없는 허탈감을 반영한 우스갯소리다.

KB금융지주 경영연구소 [2020 한국 부자 보고서]에 따르면, 우리나라 부자는 해마다 9.2%씩 늘어나는 것으로 조사되었고, 전체 인구가 1.5% 증가하는데 비해 부자의 수가 매우 빠르게 증가하고 있다는 것이다. 부동산 자산과 금융자산은 약 5:4로 부동산이 차지하는 자산 규모가 더 높게 조사되었다. 이는 과거에 비해 부동산에서 얻는 수익의 기대값이 더 크다는 반증으로 부동산 투자를 생각하는 사람에게는 의미 있는 조사 결과다.

안타깝게도 조사를 하면 할수록 증여, 상속부자가 대세를 이룬다는 것이 통계로 잡히고 있다. 즉, 아버지가 부자인 사람이 부자가 되더라는 것이 결론이다. 씁쓸한 사실 앞에 사람들의 반응은 거의 양 갈래로 나뉜다. 불평하면서 인정하거나 다른 방법을 찾아나서거나 둘 중 하나다.

통계가 말해 주는 대로 앞으로도 그렇게 흘러갈 것을 알기에 그에 대한 이견은 없다. 문제는 "우리 아이들이 부자가 될 수 있는 가능성이 있느냐?"는 지극히 개인적인 질문에 이르게 된다. 단순 논리로 내가 부자가 되면 내 자녀는 금수저가 되는 것이다. [2020 한국 부자 보고서]에 의하면, 종잣돈 5억~10억 원 미만의 금융자산을 보유한 개인을 '한국 준부자'라고 정의해 특성을 살펴보니 금융자산 24.4%, 부동산자산 70.5%, 기타자산 5.1%로 구성되어 있다는 것이다.

또 이에 속하는 사람 200명을 대상으로 설문조사와 1:1 심층인터

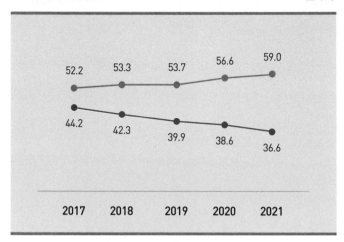

[표1. 한국 부자의 총자산 구성비 추이]

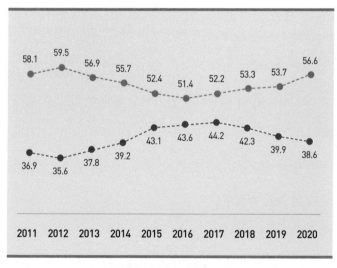

[표2. 한국 부자의 자산 포트폴리오]

뷰까지 실시해 본 결과는 주식 등 기타 금융자산 투자가 활발하다 할지라도 수익으로 재투자를 할 그 뿌리는 역시 '부동산'이라는 것이다.

그뿐만이 아니다. 금융자산 10억 원 이상 개인부자들의 평균 나이가 42세로 조사된 것이다. 과거에는 나이가 많은 사람이 경험과 부(富)를 거의 독점했는데, 지금은 부자 순위에서도 나이, 경력, 성별이 파괴되었다. 더 공부하고 더 투자를 잘한 사람이 빠르게 부를 키우는 경제적 신인류가 출현한 것이다.

통계를 유심히 보자. 주식으로 부를 키워 자금을 모은 사람이 서서히 부동산 자산을 늘렸다는 것에 주목해야 한다. 자산 비율이 높을수록 부동산 보유를 늘려 간다는 것은 부자가 주는 메시지다. 투자에 대해 막막하거나 모를 때, 부자를 학습하면 어느 정도는 간다는 것이다. 부자 탐구를 게을리할 수가 없는 이유이다. 다시 또 강조한다. 부동산 지도를 유심히 관찰하거나 부자 보고서를 골똘히 읽고 또 읽다 보면 그 속에 답이 들어 있다는 것을 기억해 두자. 부자 마인드를 장착하고 부자처럼 말과 행동을 하다 보면 언젠가 반드시 부자로 성장한다는 것을 염두에 두길 바란다.

'내가 지킨 부동산이 없다면 물려줄 것도 없다'라는 것을 알면 정신이 번쩍 든다. 통계상 상위 10%가 우리나라 전체 부의 80%를 차지한

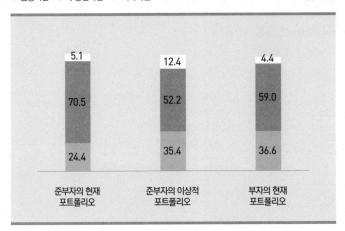

[표3. 준부자와 부자의 자산 포트폴리오]

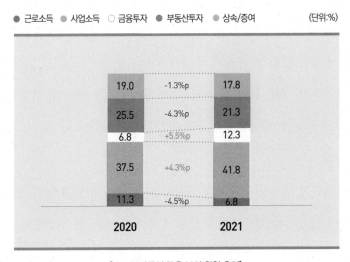

[표4. 부자들이 꼽은 부의 원천 추이]

다. 이런 통계가 나오면 메타 인지를 발휘해서 나는 어디에 위치하고 있는지 좌표 찾기를 해보자.

- 나는 과연 어디쯤 있을까?
- 부자는 뭘 해서 부자가 되었을까?
- 그들의 직업군은 무엇일까?
- 그들의 부의 근간은 어디서 온 것일까?

그렇다면 평범한 나는 어떻게 할 것인가 하는 방법론만 남는데, 이럴 때는 '스스로 질문을 해보라'는 것이다. 질문하지 않고 어떻게 답을 찾을 수 있는가? 부자가 되길 원하면서 아무것도 하지 않는 것은 과연 정당한 것인가? 누군가 도전해 부자로 거듭나고 있다는 것을 들을 때 주먹이 불끈 쥐어지는 마음의 파동이 있기를 바란다. 타인의 성공이 강 건너 이야기로 들린다면 미안하지만 부자가 될 가능성은 매우 낮다.

일반인이 투자를 통해 신흥부자가 되는 현실에서 내 삶에 변화가 없다면 그것이야말로 반칙 아닐까. 도전하지 않는 자기 합리화에 익숙한 자의적 해석은 개인의 발전에 별 도움이 되지 않는다. 삶의 실질적 변화는 해석에 있지 않고 실행력에서 오기 때문에 그렇다. 가난하다는 것 자체가 비난받을 일은 아니지만, 가난해질 가능성 앞에서도 아무것도 하지 않는 것은 도대체 무슨 배짱인가. 내가 아무것도 안 한 이유로 나와 자녀들의 미래가 가난한 것은 내 탓이다.

삶의 변화는 뭔가를 시작하는 것부터다. 내 좌표가 부자의 권역에서 멀어져 있다면 원인을 찾아 구체적인 계획을 짜고 부족한 것을 채워 나가면 되는 것이다. 부족하다는 것을 깨닫고 목표 설정을 다시 하는 것만으로도 이미 마음의 변화는 시작된 것이다. 쉽지 않지만 꾸준히 지속하면 삶은 분명 달라진다.

집안의 실질적인 기준은 보통 우리 엄마들 아닌가. 가정이 하나의 '작은 나라'라고 하면, 엄마인 경제부총리가 나라살림을 고민하는 것은 당연하다. 가정 경제를 운영하는 사람이 경제 공부를 기피한다면 그것은 '직무유기'인 것이다.

세상이 변했다. 단순 저축만으로 살림을 불리던 시대는 지나갔다. 지금은 투자의 시대다. 깨어 있는 지혜로운 아내와 엄마에게서 부(富)가 싹튼다는 것을 잊지 말자. 과거에는 가난하다는 것은 약간 불편하면 될 일이었지만, 미래에 가난한 것은 '죄악'이라 생각한다. 똑같은 시간을 똑같이 부여받은 것은 '시간에 대한 기회의 평등'이다. 내가 뭔가를 하고 안 하고의 갈림길에서 몇 년 후 크게 벌어질 격차를 어떻게 메울 것인가 생각한다면 오늘 뭔가를 도전하길 응원한다. 부동산 투자는 시간을 사는 것이기 때문에 먼저 사는 것이 이기는 방법이다.

⌂
16
부동산 사장님과
친해지기

부동산에 관심이 많다보니 자연히 택지 지구나 신도시로 임장 가는 것을 나는 매우 좋아하는 편이다. 무에서 유가 되는 신도시 개발 현장에 나가면, 알고 싶은 것도 많지만 보이는 것도 많고 들리는 것도 많다. 논과 밭이 신도시로 변모하는 과정은 비슷하다. 제일 먼저 주거가 들어오고, 이어서 상업지, 학교, 그리고 교통편이다. 신도시는 전체의 30% 정도가 분양되면 관계자가 점점 많아지며 탄력을 받기 시작하는 시점이 된다.

초기에 집중하는 것은 기본 중의 기본이다. 선점이라는 부가가치를 놓치면 안 되는 것이다. 미세먼지 마시며 먼저 입성한 시범단지나 중심 상업지 권역에서 멀지 않은 입지는 대부분 수익을 크게 낼 수 있는 우량지라고 보면 된다. 지도를 볼 때 도로 폭을 살펴 중심지를 먼저 찾는 것이 급선무다. 지도 보기도 계속하다 보면 지도 속에 답이 들어 있다.

- 새로 생기는 도시의 중심지는 어디일까?
- 교통 시설 계획은 어떨까?
- 서울과의 접근성은 괜찮을까?
- 그 지역 대장 아파트의 시세는 얼마일까?
- 일자리는 얼마나 있을까?
- 그 동네 고등학교의 명문대 진학률은 어떨까?

이런 것은 지역 부동산이 제일 정확하다. 현장에서 자리 지키고 있는 최전방 보초병을 우습게 여기면 절대 돈을 벌 수가 없다. 나는 지역마다 친한 부동산을 꼭 만드는 편인데, 그 이유는 친분이 쌓이면 유리한 점이 한두 가지가 아니다. 흔히 부동산으로 성공하려면 "강남 사람들이 사는 것을 따라 사라"고 한다. 하지만 현실에서 강남 사람 만날 기회가 잘 없다는 게 문제다. 어쩌다 운이 좋아 만난다 할지라도 돈 버는 정보를 흘려 줄 강남 사람이 있겠는가? 그래서 나는 늘 "부동산 사장님이 사는 것을 따라 사라"고 말해 주는 편이다. 부동산 대표가 본 인 투자 물건을 고를 때 절대로 시시한 것을 살 리가 없다는 것을 명심 하자. 그래서 택한 방법이 지역의 '단골 부동산 만들기'였다. 지역에 갈 때마다 방문하여 인사도 나누고 상담도 받아가며 친해지려고 정성을 들이다 보면 지역 정보나 핫한 정보를 제법 쏠쏠하게 만날 수 있다.

2005년쯤, 인천 송도신도시 비전을 보고 몇 회를 걸쳐 임장을 했는 데, 한 부동산의 여자 대표님이 상당한 재력가라는 것을 알게 되었다. 그리고 그가 다른 직종에 있다가 부동산업으로 전환하며 시간적 여유 와 현재의 부를 이룬 드라마 같은 이야기를 듣게 되었다. 옳거니! 평 범한 중년여성이고, 투자를 잘해서 부를 늘린 이야기는 나에게 도전 정신을 불태우기 딱 좋은 예가 되었다.

어느 분야나 비슷하겠지만, 무한 경쟁시대에 부동산업에 종사하는 사람은 셀 수가 없을 정도다. 하지만 정보의 유무(有無)와 경중(輕重)을 가릴 수 있는 통찰력을 갖고 부(富)의 편중이 심하고, 공인중개사라고 할지라도 부동산의 전반적인 것을 다 잘하는 사람은 별로 없다는 것 을 알고 있어야 한다. 영역이 넓기도 하거니와 부동산 거래는 큰 자금과 세무, 법률이 함께 동반되기 때문에 분야마다 전문성이 다른 자기만의 강점을 갖고 있다. 상가를 잘하는 사람은 상권 분석과 유동인구에 따른 동선 파악이 빠를 수 있고, 아파트나 주택에 강점이 있는 사람은 청약부터 매매까지 주거용 부동산이 전문이다. 그 밖에 공장과 창고, 토지 등 중개사마다 다른 정보와 능력을 갖고 있다는 것을 알고 내가 관심 있는 분야와 맞는 업계의 고수를 찾는 것이 내 미션이다.

낯선 지역에 임장을 가보면 고객보다 더 모르는 부동산업자도 종종 만나게 된다. 간판만 보고 누가 고수인지 어느 부동산으로 가면 좋은 물건을 추천받을지 절대 알 수 없으므로 가능성 있는 부동산 사무실을 찾았다면 꾸준한 교제를 통해 친분을 쌓는 것이 무엇보다 중요하다.

부동산으로 부자가 되는 꿈을 꾸고 있다면 공인중개사는 자산을 키울 파트너나 다름없는 중요한 사람이다. 개인이 정보를 얻는 데는 한계가 있고 권리 분석도 어려워 임장을 가면 반드시 현지 부동산 대표를 알아놓는 것이 좋다. 가끔 부동산 사장님이 다른 손님과 상담하는 것을 듣게 될 때가 있다. 질문은 아는 것의 범주를 벗어나기 힘든 법이다. 우연히 양질의 정보를 얻게 되는 행운을 만날 수도 있다는 것을 기억해 두고 지역부동산 사장님과 친해지는 노력을 해야 된다. 놀아도 부동산 사무실에 가서 놀자!

⌃
17
실속 챙기는
소비 습관

나는 마이너다. 주류 사회의 메이저 기준에 항상 모자라는 컷오프 마이너다. 메이저 중심 주류 사회엔 보이지 않는 심리적 계층 커트라인이 분명 존재한다. 자본의 힘이 신처럼 군림하는 자본주의에서 명과 암은 자본이 일으키는 부의 크기에 따라 좌우되는 경우가 많다. 나역시 지극히 평범한 마이너로 출발했기 때문에, 정보의 한계와 현실의 벽을 깨기가 쉽지 않았다. 부자가 되는 길이 늘 궁금했지만 메이저의 세계는 언제나 도도하고 까칠하다. 출발은 항상 현실 직시부터다. 나의 현재 상황을 아는 것이 메타 인지다. 마이너의 특징은 세상과 한

판 붙어 볼 맷집이 강하다는 강점을 가지고 있다. 도장 깨기를 계속하다 보면 관록이 생겨 익숙해지는 법, 우리의 꿈은 언제나 메이저다.

20여 년 전 나는 '티코'라는 소형 자동차를 소유한 적이 있다. 소형 자동차에 주어지는 혜택도 있었고, 무엇보다 활동 반경이 넓었던 시절에 나의 발이 되어 준 고마운 자동차였다. 소형차를 타는 몇 년간 나는 사람들의 시선이나 편견을 몸소 겪었다. 소형이라는 이유로 사람까지 소형 패키지로 보는 사회적 시선은 분명 있었고, 그런 과정을 겪으며, 나는 "세상이 원래 그렇다"는 것을 확인할 뿐이었다.

"억울하면 출세하라"는 말이 있는데, 나는 개인적으로 "억울하면 공부하라"고 말한다. 공부를 하면 시야가 넓어진다. 앎으로부터 오는 확신과 자신감이 새로운 길을 열어 주기도 하고, 무엇인가를 선택해야 하는 결정의 순간에 공부로 인해 통찰이 생긴다는 것이다. 보이는 것이 다가 아님을, 소비 부자는 보여지는 것에 신경 쓰느라 카드 빚이 늘어가지만, 자산 부자는 소비를 축소하고 자산을 키워나간다.

한번은 이런 일도 있었다. 독일산 수입차를 타고 온 40대 초반 남자 손님이었다. 아파트를 지정해 물건을 찾아달라는 것이었다. 특정 지어 주문하길래 이미 잘 알고 온 손님 같아서 자세히 안내해 주었다. 단지의 가격이며, 거기가 앞으로 어떻게 될 것이라며, 투자에 대해 제법 알고 있는 그런 손님이었다. 한참을 답변해 주고 상담을 하다 보니 그가 허세를 부리는 것이 느껴지기 시작했다. 알고 보니 본인은 살 능력이 없고 직장 동료가 그 이름 있는 아파트에 살고 있어서 거기가 그렇게 좋은 곳인가 확인차 왔던 것이다.

부자는 그냥 되는 것이 아니다. 욕망을 절제하며 인내한 사람이다. "돈의 신은 대가를 치르지 않고 이득을 취하려는 자들을 좋게 보지 않는다"고 경제 칼럼니스트 모건 하우절은 말했다. 사람의 자산은 겉으로는 잘 알지 못한다. 나는 공인중개사로 활동하며 고객의 자산 리스트를 알게 될 때가 가끔 있다. 그때마다 느끼는 것은 보이는 것이 절대로 다가 아니라는 것이다. 부자처럼 보이지만 실상은 자산구조가 취약하여 투자를 할 만한 자금이 없는 경우가 부지기수다. 고객이 타고 온 중형 자동차는 번쩍이지만, 할부금만 안겨 주는 빚일 뿐이다. 하지만 자산 부자는 실속 있다. 소비를 줄여 자산을 키운다. 큰 자금이 들어가는 자산을 키우느라 자금 용처의 우선순위가 바뀌었을 뿐이다.

부동산 투자는 농사와 같다고 늘 얘기한다. 파종을 할 때가 있으면 수확할 때가 있다. 먼저는 파종이다. 심지 않는 곳에 수확은 없다. 모든 것은 치러야 하는 대가가 있는 것이 아니겠는가. 풍랑이 일 때는 바람을 따라 출렁이면 되는 것이다. 어쩔 수 없는 환경에서는 견뎌야 하고, 고달프고 괴로울 수 있다. 하지만 죽지 않는다. 지나갈 뿐이다. "현재의 고난은 장차 우리에게 나타날 영광과 족히 비교가 안 된다"(롬 8:18)고 성경에도 나온다. 성도의 신앙생활을 응원하는 구절이지만 삶도 다르지 않다. 짧은 것 같지만 긴 것이 수명이다.

소비가 주는 기쁨은 오래가지 못한다. '패션 리더'라는 소리를 듣고 유행을 선도할지라도 소비 부자들은 정작 급할 때 목돈 천만 원도 없는 빈손이 많다. 하지만 자산 부자가 되어 본 사람은 내공이 다르다. 스스로 당당하고 자신감이 묻어난다. 자신감은 소비한 물건에 있지 않고 두둑한 통장 잔고에서 나오는 힘이다. 부자들은 대부분 수많은 위기와 맞서 본 경험과 실력이 노하우로 쌓여 있는 고수들이다.

나의 환경은 내가 가꾸는 꽃밭과 같다. 지금의 환경이 크게 달라질 것이 없다면 현실 자각부터 하자. 그때부터 출발로 잡고 변화는 나로부터 시작하면 되는 것이다. 편견은 깨라고 있는 것이다. 내가 누구이고, 현재의 재정 상태는 어떤지 객관적 관찰인 메타 인지로 방법을 찾고 실행하면 누구나 성공에 가까이 갈 수 있다. 대부재천(大富在天) 소부재근(小富在勤)이라는 말이 있다. 큰 부자는 하늘이 내리지만 작은 부자는 부지런하면 될 수 있다는 것이다.

시시한 엄마에서 도도한 엄마되는 부동산 투자

방법을 모르고 무조건 열심히 하는 시대는 지나갔다. 숨지 말고 도전해서 스스로 당당하게 살자. 자존감은 속에서 나오는 내적인 힘이다. 부자를 꿈꾸자. 마이너계 대표 선수인 내가 했으니 다른 사람들은 더 잘해낼 수 있음을 나는 확신한다. 자산 부자가 되어 어깨를 당당히 펴고 살자. 모두 화이팅이다!

18

임계점 이후는
자동 시스템

투자의 첫 시작은 종잣돈 만들기부터다. 월급으로 일정한 금액을 꾸준히 저축해서 목돈 만들기를 해본 사람은 알 것이다. 얼마나 돈이 안 불어나는지 말이다. 나도 같은 과정을 거쳐 오며 적금통장을 몇 번씩 열어 불입 횟수를 카운트하곤 했다. 목돈이 되기를 기다리는 동안은 조급증이 난다. 큰돈이 필요할 때면 해지를 할까 말까 고민하게 된다. 만기까지 적금을 지켜내기가 여간 힘든 게 아니다. 그러함에도 종잣돈은 저축을 통해 '목돈 만들기'부터 시작하라는 것이다.

간혹 대출을 통해 종잣돈을 만들겠다는 사람도 많다. '언제 적금

넣어 목돈을 만드냐?'는 논리로 처음부터 주식투자나 기타의 투자로 돈을 키우겠다는 사람들이 많다. 생각 차가 있지만, 가능한 첫 시작은 꼭 저축을 하라고 권한다. 그러면 왜 저축을 통해 '시드 머니(Seed money)'를 만들라고 주문하는가? 그것은 위기관리 능력을 키우고, 돈을 지킬 수 있는 인내를 배운다는 점에서 그렇다. 급여를 월정으로 모아서 목돈을 만들어 본 사람은 대출로 시작한 사람과 분명 다른 점이 있다.

우리가 잘 아는 '마시멜로 테스트'를 통해 살펴보자. 미취학 아동들에게 "15분을 기다렸다가 먹으면, 마시멜로를 2개 주겠다"고 설명했다. 1/3은 바로 먹었고, 1/3은 15분을 거의 다 채워가는 시점에 유혹을 못 참고 먹었고, 마지막 1/3은 15분을 꼬박 채워, 마시멜로 2개를 먹었다는 것이다.

이 연구의 결과는 이것이다. 끝까지 참아가며 '만족 지연'을 할 수 있었던 아이들 그룹의 30년 후를 살펴본 것이다. 충동적이지 않았고, 자제력이 높았고, 학업 성취도 역시 높았고, 임금이 높은 직업을 가졌고, 비만도 적고, 범죄율도 적고, 마약중독도 적었다는 결과를 얻었다. 그렇다. 어떤 미션을 인내하며 수행해 본 사람은 위기 때 진면모가 나오게 마련이다. 우리는 돈과 평생을 함께 살아간다. 심지어 죽어서도 나의 마지막 정리를 돈이 해주지 않는가 말이다. 돈과 처음 어떤 마음, 어떤 방법으로 만났는지가 그만큼 중요하다.

돈 모으기는 결코 쉽지 않다. 돈에는 돈을 모으는 사람의 땀이 고스란히 담겨 있다. 인내하며 모은 돈은 나갈 때도 신중하고 묵직하다. 내가 돈을 모으며 쏟은 압축된 이야기가 그 돈에 담겨 있기 때문에 투자를 한 이후 관리 면에서도 같은 에너지로 인내하며 견뎌나가는 게 보통이다. 쉽게 들어온 돈은 쉽게 나간다는 말이 왜 오래토록 회자되고 있겠는가. 애써 번 돈이 가볍게 나갈 리 없고, 돈에 대한 철학이 남다르게 견고하다는 것이다. 지킬 만한 사람이 지킬 수 있다.

참 신기한 것이 돈은 자기를 지키는 주인이 엉성하다고 생각되면 도망을 간다는 것이다. 매일 세수하고 용모를 단장하듯 나와 평생을 같이 가는 돈도 단장해야 내 곁에서 나를 지켜준다. 돈은 지키지 않으면 날아가는 철새 같다. 내가 지킨 돈만 내 것이고, 내가 번 돈만 내 것이다. 어디 눈 먼 돈은 없다.

부자가 되기로 목표를 정했다면, 금액을 정해놓고 10년 후, 20년 후를 상상하며 역산해 보자. 내가 주로 즐겨 썼던 방법이다. 10년 후 50억 부자를 꿈꾼다면 오늘 하루를 그냥 흘려보낼 수 없다. 오늘 하루의 시간과 돈을 잘 쓰는 사람은 열흘을 잘 쓸 것이고, 한 달, 일 년을 잘 쓸 것이니까 말이다. 인문학자 고미숙 선생은 "하루의 습관대로 일생을 산다"고 했다.

나는 아직도 처음 내 집 마련을 한 그 벅찬 기쁨을 잊지 못한다. 흔히 세상을 다 가진 기분이라고 하는데 그 느낌을 알고 있다. 내 집 마련의 꿈을 가슴에 품고 내가 느낀 그 기쁨을 느껴 보기를 응원한다. 먹고쓰고 나니 아무것도 남는 게 없다는 말도 틀린 말은 아니다. 사실이 그러니까!

"성공한 사람은 생각한 대로 살고, 실패한 사람은 사는 대로 생각한다"는 말이 있다. 메타 인지로 생각을 바꾸자. 생각의 부속을 바꾸지 않으면 달라질 것도 없다는 것을 명심하자. 한정된 돈에서 투자를 위한 일정액을 급여에서 따로 떼어서 구별해 놓자. 연령대에 맞는 목표 자산 평가액도 정해 놓자. 본인이 정한 각자의 자산 목표치는 다를 수 있다. 꿈꾸고 정하면 언젠가 이룰 수 있다는 것이다.

최근 40대 초반의 직장인들의 로망은 노동정년이 오기 전 급여만큼의 대체 수익을 만드는 것이다. 임대를 생각한 주거용이든 수익이 나오는 상업용이든 급여 대체용 투자처를 찾느라 혈안이 되어 있다. 목표를 정해놓으면 그 방향으로 수렴하며 살게 된다. 세상은 목표를 정해 노력하는 사람을 외면하지 않는다. 경제 규모가 커질수록 부자의 기준도 점점 올라가고 있다. [2021 한국 부자 보고서]에 한국 부자가 생각하는 최소 자산은 부동산 50억, 현금성 자산 30억 정도를 부자로 생각할 정도로 볼륨이 또 커졌다. AI와 빅데이터 시대에 걸맞게 부자를 꿈꾸는 사람들도 매우 계획적이고 분석적이라는 것이 통계에 잡힌다. 수익이 날 만한 곳이면 국내, 국외를 따지지 않고 수익을 찾아 자유롭게 국경을 넘나들며 자산을 키워내고 있는 중이다. 투자 포트폴리오를 통해 해외주식이나 펀드 투자를 하는 경제적 인류가 우리 주변에 너무나 많아졌다.

내가 조용하다고 남들이 조용히 손 놓고 놀고 있지 않다는 것이다. 그들은 애써 모은 종잣돈을 잃지 않기 위해 리스크를 분산할 정도로 투자금을 지키기 위한 분석에 시간과 열정을 아끼지 않는다. 자산이 어느 수준까지 채워지면 돈이 자가 번식을 하듯 빠른 속도로 자산이 불어나는 시기가 반드시 온다. 그렇게 불어난 자산이 목표한 임계점에 도달하면 그때부터 가정 경제는 자동 시스템이 된다. 자동 시스템은 노동에서의 해방을 의미한다.

가장 좋은 점은 아침에 늦게 일어날 자유와 일터로 가기 위해 화장을 하지 않아도 된다. 나 자신의 만족이나 행복을 위해 시간을 할애할 수 있다는 생각만 해도 행복하지 않은가. 쉬운 것은 없다. 어려우니까

시시한 엄마에서 도도한 엄마되는 부동산 투자

소수의 영역이다.

우리가 겪는 현재의 고난과 인내는 부자가 되어가는 필수 요건이다. 보이진 않지만 어제보다 나은 오늘이고 오늘보다 더 성장하고 있는 중이니 견딜 수 있다. 임계점을 넘기면 그때부터는 삶을 바라보는 관점이 다르다. 한 단계 위에 있는 공기를 느껴보기 위해 오늘의 욕망을 참는 것은 기꺼이 해볼 만한 가치가 있다.

Part 4

부자들의
법칙

19

시간과의 싸움에서 이겨라

부동산 투자가 복잡하고 어려울 것 같지만 알고 보면 메커니즘은 간단하다. 매수해서 오래 보유하기만 하면 돈을 번다는 게 결론이다. 왜냐하면 시간이 갈수록 국가의 통화량과 GDP는 정상국가라면 계속 늘어나게 되어 있기 때문이다. 겁먹고 포기하지 않는다면 누구나 본인의 사이즈에 맞게 접근할 수 있는 분야가 부동산 시장이다. '특별한 사람만 하는 것'이라는 편견부터 깨자. 나도 할 수 있는 분야라는 것이다. 지역과 가격이 천차만별인 부동산은 선택의 폭도 넓고 종류도 많다.

익히 아는 대로 부동산 투자는 시간과의 싸움이다. 그러나 부동산 가격이 탄력을 받기 시작하면 수익 실현이 눈앞에 있기 때문에 마음이 요동치는 것을 경험하게 된다. 왜일까? 그것은 얼마라도 벌었다는 안도감에 불확실한 미래보다는 현재 눈앞에 확실한 수익이 보이기 때문이다.

부동산 투자의 성공 여부는 심리와 시간이다. 특히 심리는 투자를 결정하는 전 과정의 핵심 요소이다. 우하향이 길게 이어지거나 경제의 최대 적(敵)인 불확실성이 시장을 뒤엎을 때 흔들리는 마음을 붙잡는 것이 쉽지 않기 때문에 수많은 도전자가 투자에 대한 확신이 없어 안타깝게도 중도 하차하고 만다. 이때 심리가 견디라고 방향을 잡아주어야 한다는 것이다.

돈보다 실물이 강하다는 것을 알았다면 매수하고, 매수한 것은 지키면 된다. 얼마나 간단한가. 부자가 되는 것은 호락호락하지 않다. '위기의 달인' 소리를 들을 정도는 되어야 부자로 거듭나지 않겠는가. 생각 없이 매도하고 나서야 깨닫는 것은 이미 늦다. 던지면 그때부터는 더 이상 내 것이 아니다. 심리는 곧 돈이다.

경기는 어차피 파동을 탄다. 떨어졌으면 반등할 때가 온다. 아이러니한 것은 모두 알지만 잘 안 되는 것이 하강국면에 매도 의뢰를 하게 된다. 극도로 심리가 불안해져 부동산에 묶인 큰 자금이 걱정스러워 평정심을 잃기 때문에 코칭이 안 먹힌다. 이때가 바로 고비다. 하지만 견뎌야 한다! 마음을 눌러라! 멀리 보고 마음의 평정을 찾아야 이긴다.

워렌 버핏은 세계적인 큰 부호가 되기까지 세계경제를 뒤흔든 리스크를 14번이나 겪으며 부자로 남는 데 성공한 사람이다. 아홉 번의 큰 전쟁, 장기불황에 의한 기업의 줄도산, 네 명의 미국 대통령 암살, 전염병 창궐, 자연재해, 33번의 경기침체, 출렁이는 주식시장, 급격한 인플레이션 등 멘탈이 흔들릴 만한 사건과 사고는 끊임없이 휘몰아쳤다. 그럼에도 불구하고 견디고 지켜낸 보상이 그를 세계적인 부호로 만든 것이다. 그는 마음 약한 겁쟁이들에게 일침을 가한다. "부자가 되는 데는 뛰어났으나 부자로 남는 데는 서툰 사람들이 많다"고 말이다.

사람은 누구나 반드시 한 번은 부동산과 인연을 맺어야 하기 때문에 언젠가는 선택의 기로에 서게 된다. 막상 내 집 마련을 위해 부동산 투자를 결심하고 나면 많은 생각들로 숙면을 깨뜨리는 고민을 하게 된다.

거기다 부동산을 규제하는 대책이 강력해지면 시장이 일격에 얼어붙어 여기저기서 불안과 곡소리가 터져 나오기 때문에 시장에 참여하기가 두렵고 떨린다. 마치 이제는 부동산이 끝인 것처럼 매서운 한파가 몰아치니 어찌 두렵지 않겠는가. 이해가 된다. 팁을 하나 준다면 이런 시기는 '쉬어 간다'고 생각하고 기다리면 된다. 역사상 가장 강력했다는 2017년 8월 2일 대책의 핵폭탄급 규제도 6개월을 숨죽이다가 시장이 다시 회복되었다. 결국 수많은 변동성에도 지키는 사람이 큰돈을 벌었다. 마음의 평정을 찾고 기다리면 된다는 말이 특별한 것이 아니다. 맞는 말이지만 실제로 지키기가 쉽지 않다는 것이 문제다.

부동산의 고유한 특징인 부동성과 부증성으로 인해 부동산이 장기적으로 망하지 않는다는 것을 안 지금은 보유의 당위성을 계속해서 어필해 주는 편이다. 한 번 매도한 매물은 다시 그 가격으로 돌아오지 않는다는 것을 기억하자. 부동산을 살 때는 빠르게 내 것으로 모셔(?)오고, 팔 때는 오래오래 생각하기 바란다.

본인이 생각을 정리하고 매도하였다 할지라도 실제 집을 팔고 난 후 잔금을 받으면 속이 시원하다는 사람보다는 뭔가 아쉽고 허전해하는 사람이 더 많다는 것이다. 재미있는 통계가 있다. 주식이나 부동산 둘다 마찬가지로 '어떻게 부자가 되었나?' 보니, 사 두었던 부동산과 주식을 안 팔고 오래 보유한 것 외 다른 비법이 없었다는 것이다. 투자를 장기적으로 해두면 조급증이 사라진다. 다 알고 있겠지만 잘 안 지켜지기 때문에 다시 언급한다. 한 번 사면 무조건 팔지 않는다고 생각하고 뚝심 있게 가자. 샀다면 잊어버리고 있어야 숙성이 된다. 궁금해서 자꾸만 간섭하다 보면 꼭 탈이 난다는 것이다.

보유할 때는 소중함을 몰랐다가 팔고 나서 높게 올라간 것을 언젠가 확인할 때는 속상한 정도가 아니라 병이 난다고 다들 속마음을 표현한다. 필요한 돈은 가능한 한 다시 모아서 충당하자. 개인마다 부자의 꿈에 대한 목표가 다르겠지만 일정한 목표치까지는 견디며 자산을 키워나가야 한다. 세금이 나를 엄습하는가? 가만히 들여다보면, 수익이 있으니 세금이 부과되는 것이다. 집 없이 돈 걱정하는 게 나은가? 다주택자로 남아 세금 걱정하는 편이 나은가? 걱정의 무게를 측량하기는 어려우나 후자가 더 비전 있는 고민이 아닐까? 지금 없는 사람은 나중에도 없을 가능성이 높다.

큰돈은 투자에서 나온다. 부인할 수 없는 사실이다. 급여는 통장을 스쳐가는 바람 같은 존재가 된 지 오래다. 중개를 하다 보면 과거에 투자했던 실패 경험으로 인해 재투자에 대한 니즈 자체가 없어졌거나 실패 트라우마에 갇혀 투자에 대한 마음을 닫은 사람들을 종종 만날

시시한 엄마에서 도도한 엄마되는 부동산 투자

때가 있다. 투자에 한두 번 실패했다고 결코 끝난 것이 아니다. 회복하는 데 상당한 시간이 걸릴 수 있지만 넘어지고 엎어졌던 경험으로 더 심도 있는 분석을 할 것이다. 실패가 꼭 나쁜 것만은 아니라는 것을 명심하자. 정말로 나쁜 것은 투자에 대한 마음을 완전히 접는 경우이다. 이런 사람은 돈만 손해 본 것이 아니라, 미래의 기회마저 포기한 상태이기 때문에 실질적으로 이중, 삼중 손해라고 생각한다. 실패를 곱씹으며 투자 근육을 키워야지 포기할 때가 아니라는 것!

부동산은 공산품과 달리 개별성이 아주 강한 특수 재화이며 생필품이다. 바로 옆에 붙어 있어도 각각 다른 평가와 다른 가격이 나올 수 있는 경우의 수를 갖고 있다. 자기 확신 없이 팔랑귀가 되어 뉴스나 남의 소리에 부화뇌동하면 사 놓은 부동산을 지킬 수가 없다. 볼테르는 "역사가 반복되는 것이 아니라, 사람이 반복하는 것이다"라고 했다. 옛 사람이나 현대인이나 사람의 심리는 거기서 거기라는 통찰이다.

경제는 통화량에 의해 등락을 반복하고 시장은 호황과 불황이라는 주기를 만들어 낸다. 불황일 때는 국가 운영자가 국민을 사랑해서가 아니라 시장을 살려야 하는 책임이 있기 때문에 디플레이션을 방지하기 위해 경기부양책이 나오는 것이다. 호황이면 과도한 팽창을 우려하여 규제로 완급을 조율한다.

중요한 것은 어떤 시장도 지속적으로 호황일 수 없고, 반대로 지속적인 불황도 없다. 주기를 반복할 뿐이다. 이것만 알면 내 집 마련과 부동산 투자가 생각처럼 어렵지 않다는 것이다. 30대 중반에 내 명의의 소유권 갖기를 목표로 꿈을 꾸어보자. 내게 맞는 옷이 있듯이 내 자금에 맞는 부동산이 있다.

원하면 이루어진다는 것을 믿자. 간절히 원하면 내 앞에 내가 살 물건이 나타난다. 멀리 보고 가면 망할 수 없다. 멀리 보자!

^
20

돈의 흐름을
읽어라

돈의 양극화도 점점 현실화되어 가고 있다. 고급정보나 앞선 기술의 선점, 또는 먼저 투자된 결과물에 의해 신흥 자본가가 계속 늘어나고 있다. 외부의 도움 없이 본인의 노력만으로 부(富)를 이루는 성공이야기가 심심찮게 들려오고 있는 지금, 나와 돈의 거리는 얼마만큼 가까이 있을까? 일반인이 자력으로 돈을 벌 수 있는 기회가 가장 많은 시대를 우리는 살아가고 있다. 왜 그런가? 인터넷을 통해 정보가 쏟아져 들어오고 부단히 공부하고 찾는다면 누구나 기회를 만날 수 있는 환경이라는 것이다. 이때 최대의 적은 바로 시도해 보지도 않고 안 될 것이라고 단정부터 짓는 패배감이다. 부정적인 사람은 돈과 친할 수 없고 아마 돈도 부정적인 주인에게는 가기 싫지 않을까? 정말 돈에 센스라도 장착된 것일까? 신기하게도 긍정적이고 준비된 사람에게 돈이 찾아 안긴다. 돈과 친해지자.

평소 알고 지내는 지인은 모 은행에서 퇴직한 지점장 출신이다. 그가 금융인이기 때문에 돈과 더 친해질 기회가 많았다고 하더라도 그의 현재의 부는 너무나 놀라운 크기를 자랑할 정도로 탄탄한 재력가로 거듭나 있다. 수많은 금융인들이 있지만 누구나 그처럼 될 수는 없다는 것을 안다. 이유가 뭘까? 가까이서 그를 만나고 이야기를 듣다 보면 재미있어 나도 모르게 빠져든다. 그는 어쩌다 부자가 된 것이 아니라 부자를 목표로 삼고 부자가 되기 위해 돈을 굴리고 불리는 방법을 연구한 결과인 것이었다.

그는 철저히 두 분야만 깊고 넓게 판 고수였는데, 그것은 주식과 부동산 투자였다. 기꺼이 살 것을 사고 버릴 것을 버렸다는 것이다. 잘 달리는 분야에 더 많은 양분을 주고 성장시켜 억 단위 세 자리 수의 자산을 키워낸 주인공이다. 역시나 금융인다운 탄탄한 포트폴리오 구성까지 조금의 빈틈도 없어 보이는 부러운 대상이다. 그는 기업가도 사업가도 아니지만 자기 분야에서 자기만의 방법으로 돈 공부를 오랫동안 해 온 결과 경제적 자유를 얻은 것이다. 지금의 경제적 자유는 시간적 자유로 이어졌다. 그는 "인생은 무조건 재미있어야 한다"는 대명제에 매우 충실하게 살고 있다.

그 집 부부와 함께 해외여행을 할 기회가 있어 열흘 이상을 같이 다닌 적이 있다. 가까이에서 듣는 그의 돈 굴리는 방법을 놓칠세라 나는 여행하는 내내 그가 해주는 경험담에 집중했다. 그는 돈에 대한 생각과 돈의 본질을 알고 정확한 조준과 관리를 하고 있었다. 그는 키다리 아저씨처럼 아낌없이 주변 사람들 모두 부자가 되라고 본인의 방법을 오픈해 주고 분발을 유도하는 사람이었다. 나 또한 그의 영향을 받아 돈에 대한 가치관과 철학이 더 단단해진 계기가 된 것은 부인할 수 없다. 현재까지 살아오며 그만큼 자유롭게 자기 자신이 원하는 대로 사는 사람을 나는 여지껏 본 적이 없다. 그는 생각하는 것을 바로 실행하는 특별한 사람임에는 틀림없다.

그 집 부부는 1년 중 6개월 정도를 거의 해외여행을 하며 본인이 그토록 원했던 지구 누비기를 통해 삶을 소풍처럼 살아가는 부러운 부부다. 경제 공부를 계속적으로 하는 지금 생각해 보니 결국 그가 코칭한 하나하나가 돈의 속성을 그대로 풀어준 주옥 같은 꿀팁이었다.

그렇다. 물이 낮은 곳으로 흐르듯 돈은 좋은 곳을 찾아 흐른다. 돈의 속성이 그렇다. 세계는 자본이 지배하는 '쩐'의 전쟁 카오스다. 돈은 수익이 나는 곳을 찾아 빠르게 흘러든다. 간혹 돈 구경을 못 한다고 불평하는 사람들이 있다. 그건 돈이 안 되는 것을 붙들고 있다는 다른 버전이다.

최근 몇 년간 몰아친 부동산 시장의 열기는 아마 역사에 두고두고 회자될 화두가 아닐까 싶다. 오죽하면 고향의 부모님이 자녀들에게 아파트 가격을 물어보고, 도시에 나가 있는 집 없는 자식들 걱정이라니 집값이 뜨거운 감자인 것은 확실하다. 코로나19까지 겹쳐 나라마다 코로나 머니가 천문학적으로 시장에 풀리다 보니 증가한 통화량이 갈 곳을 잃은 지 오래이고, 돈이 가치 절하를 피해 수익을 찾아나선 것이다.

넘쳐나는 유동자금은 우리나라뿐 아니라 세계 각국의 실물자산 자격을 밀어올리는 효과로 나타났다. 시장은 머리가 좋다. 돈이 실물자산으로 방향을 바꾸는 것은 당연한 결과다. 무엇이든 흔하고 과잉이면 그 가치가 떨어지는 것은 당연한 결과 아닌가. 경기 부양을 위해 계속적으로 찍어내는 돈이 제 살을 깎아 먹는 격이니 통화량이 폭발적으로 늘어나는 형국에 어떤 규제 정책이 실효를 거두겠는가. 실물로 흘러드는 돈을 막겠다고 엄포(?)를 놓지만, 부동산 가격은 이미 날개를 단 지 오래다.

여기서 팁을 하나 준다면, 통화팽창 정책 기조일 때는 예금을 인출해 부동산을 사야 한다는 것이다. 대출제도를 느슨하게 완화한다거나 전세자금대출, 잔금대출, 신용대출, 담보대출 등 대출을 통해 통화가 시장으로 흘러 들어올 가능성이 보이면 뒤돌아볼 것 없이 부동산이 올라갈 징조라는 것이다. 구름과 바람의 이동을 통해 일기를 예측하듯, 통화팽창 정책을 통해 시장의 흐름을 예측할 수 있으니 선행되는 정책에 답이 들어 있는 셈이다.

지금 같은 현상에서 수평저울에 현금 1억과 부동산 1억짜리를 올려놓고 시간에 맡기면 결과는 이렇다. 자연스럽게, 아주 자연스럽게 저울의 균형은 부동산 쪽으로 기울 수밖에 없다. 시장은 움직이는 생명체 같아서 각자도생이다. 안타깝지만 당분간은 실물자산 가격의 상승은 이어질 것 같고, 어떤 분야로든 투자 없이 자본을 축적한다는 것은 거의 불가능한 미션이 되어 버린 듯하다.

시장의 시그널이 그렇다면 나는 어디에 서 있어야 할까? 답은 이미 모두가 알고 있다고 생각한다. 본인이 잘하는 것을 선택해 도전하는 일만 남았다.

21

부자 욕하는 사람,
부자 못 된다

주변에 신흥부자들이 계속 생겨나고 있다. [2021 한국 부자 보고서]에 의하면, 우리나라의 부자 수는 2021년 현재 393,000명으로 조사되어, 전년 대비 10.9%나 증가했다는 것이다. 놀랍게도 그들의 나이는 평균 42세다. 젊고 똑똑한 경제적 신인류가 대거 출현한 것이다. 과거엔 나이가 많은 사람이 경험과 부(富)를 대부분 독점했지만, 현대 사회는 나이는 숫자일 뿐 개인이 뛰어난 능력을 발휘해 큰돈을 버는 무서운 신진 세력들이 많아졌다는 것이다. 아! 나는 뭘 해야 하지? 많은 질문을 남기는 조사다.

부자가 된 사람들은 투자에 대한 니즈도 확실하고 현실적 판단도 빠르며 도전적인 편이다. 퇴근 후나 주말이면 또 다른 꿈 플랜B를 향해 정보를 취합하고, 관심지 정보와 공부에 많은 시간을 할애하는 스마트족이다. 주(主)와 부(副)가 뒤바뀐 것 아닌가 할 정도로 일찍부터 부자가 되기 위해 부단히 노력한다는 것이다. 직업과 나이 상관없이 모두가 자본주의 시스템에 흠뻑 젖어 있는 것을 볼 때, 파이어족이라는 유행어에 맞게 경제적 자유를 얻어 조기 퇴직을 하겠다는 마음으로 무분별한 흡수가 아니라 필요에 의한 취사선택을 한다는 것이다. 어떤 일이든 결국은 '선택과 집중'이기 때문이다.

내가 아는 부자들은 하나같이 부지런하고 공부에 게으른 사람이 없다는 게 공통점이다. 돈에 대한 분명한 철학과 생각이 아름답고 선하며 부자가 안 되는 게 오히려 이상할 정도로 의식이 깨어 있다. 본인이 세워둔 뚜렷하고 선한 목적 때문에 돈을 벌고 키우는 것 아닐까. 준비된 사람이 부자가 되는 것이다.

미래에셋 박현주 회장은 "돈은 아름다운 꽃"이라고 했다. "바르게 벌어 바르게 쓸 때 돈은 아름다운 꽃처럼 활짝 피어난다"는 것이다. 우리 모두는 자본주의 구조 속에서 스스로 돈을 벌고 키우며 삶을 주도적으로 꾸려 나가야 하는 역사적 사명을 띠고 태어났다. 민족중흥을 위해서는 모르겠고, 내 개인의 역사적 사명을 띠고 태어난 것이 실제이니 생각 없이 막 살 수는 없다. 잘살면 나로부터 돈이 꽃처럼 피어날 것이라 생각한다.

"부자는 피도 눈물도 없다"며 호도하는 기준은 무엇인지 질문해 본다. 그들이 남의 것을 훔쳐서 부자가 된 것이 아니라는 것이다. 남들보다 일찍 일어나고 독하게 공부하기 때문에 자기 자신에게 피도 눈물도 없는 것 아닐까. 내가 보고 듣고 경험한 토대로 보면 적어도 그렇다. 자신에게 혹독한 사람이 부자인 것이다.

경제는 감정이 아니고 현실이다. 누군가 잠을 줄이고 시간을 쪼개서 공부하고 소비를 줄여서 부동산 소유권을 취득했다면 갈채를 보내고 응원해 주어야 한다. 스스로의 능력으로 부(富)의 반열에 올라선 사람들의 삶은 그 자체로 한편의 서사이다. 절대로 어느 날 갑자기가 아니라는 것이다. 힘겨운 초기단계를 거쳤고, 처절한 시간들이 압축되어 결과로 나온 경제적 자유이기 때문이다. 부자를 만나면 존경까지는 아니더라도 욕이나 비난할 대상은 아니라는 것이다. 남의 성과를 가벼이 여기는 사람은 자기의 삶을 밀도 있게 살지 않았을 확률이 높다고 나는 생각한다.

"지금 내가 만나는 사람이 나"라는 말이 있다. 비슷한 사람들끼리 관계를 맺고 살아간다는 의미이다. 부정하고 싶지만 슬프게도 현실이다. 남 탓을 하거나 불만만 토로하는 사람들은 주변 사람을 응원해 주는 데 매우 인색한 편이다. 그들에게 부자나 성공한 사람은 의심과 비난의 대상일 뿐 배움의 대상은 되지 않는다.

상담을 하다 보면 비슷한 성향의 사람들끼리 같이 오거나 소개를 하는 편이다. 긍정적인 사람 옆에는 언제나 밝음과 웃음이 따라오고 결과도 좋을 확률이 높다. 투자를 결정할 경우도 긍정과 부정에너지는 확연히 갈라진다. 불확실성에 집착해 도무지 결정을 못하는 염려형은 친구나 지인들도 거의 염려형 범주를 벗어나지 못 하는 반면, 제도권 내에서 세금낼 것 내면서 투자하겠다는 부류는 역시 수익 분석에 탁월한 사람과 연결되어 있다. 투자 결정은 개인의 문제이지만 투자 성향은 주변 사람과 비슷하게 닮아 간다는 말이 실감난다. 역시 투자에서도 유유상종, 초록동색이다. 그래서 부자 아버지 밑에 부자 아들, 빈자 아버지 밑에 빈자 아들이 나온다는 말이 생긴 것 같다.

부자에게는 남다른 습관과 원칙이 분명 숨겨져 있다. 부자를 욕할 것이 아니라 본받을 모델로 삼아 부자 연구를 해야 변화가 생길 것이 아니겠는가. 부자들은 조용하고 냉정하다. 묻지 않는 사람에게 비법을 전수할 리가 없다. 투자 우위를 점한 사람이나 노하우 적립이 많은 부자에게서 듣는 경험담은 몇 권의 책보다 더 유용할 때가 많다. 그래서 사람이 곧 정보이고, 부자가 하는 행동이 메시지인 것이다. 내 주변에 혹시 부자가 많은가? 그렇다면 반은 이미 성공이다. 그들의 선한 영향력이 분명 주변에 미칠 것이므로 집중하면 된다.

그러나 현실에선 돈 많은 사람에게 밥 안 산다고 욕하는 사람이 의외로 많다는 것이다. 부자가 왜 밥을 사야 하는가. 오히려 궁금한 게 많은 내가 밥을 대접하며 부자의 노하우를 청해 듣는 것이 지혜로운 사람이다. 순서가 바뀌었다는 것이다. 내가 아쉽지 부자가 아쉬운 게 아니라는 것이다. 그런즉 부자 욕하는 사람은 부자와 친해질 수 없어 득보다 실이 많다. 경험은 이론을 이기는 법이다. 부자와 친해지자. 부자를 대접해 주며 원하는 정보와 경험을 전수받자.

22

좋은 것을 찾는 사람과
싼 것을 찾는 사람

부잣집에 시집간 며느리가 살림을 배우고 있었다. 장보기를 시킨 시어머니에게 어떤 것을 사오면 되는지 질문했더니 "비싼 것을 사라"고 했다는 것이다. 이 굵고 짧은 대답 속에는 많은 것이 담겨 있다.

실무에서 부동산 상담을 하다 보면 "싸고 좋은 것을 찾는다"는 말을 습관처럼 하는 사람이 의외로 많다. 냉정하게 생각해 보자. 싸고 좋은 것이 존재하기는 하는지. 가격은 투입 대비 산출되는 것에 이익이 더해지는 구조이다. 싼 것은 안 좋고, 좋은 것은 비싸다는 것을 바로 정립하고 접근하자. 만약 싸고 좋다고 소개받을 때가 있다면, 그 속에 분명

속임수가 숨겨져 있거나 다른 무언가를 노린다는 것을 알아야 한다.

먼저 좋은 것을 사러 온 사람의 심리를 들여다 보자. 기본적으로 시장의 객관적 가격을 인정하고 있다는 것이다. 비싸다는 것은 비쌀 이유가 분명 있다고 알고 찾는 것이다. 좋은 것을 고르겠다는 것은 리스크 관리 면에서도 오를 때 확실히 올라주고 내릴 때 덜 내린다는 것이다. 리스크를 돈과 바꾼다는 개념을 이미 알고 있고, 선택할 때부터 망하지 않는 법을 염두에 두고 들어온다는 것이다. 좋은 매물은 호경기 때는 고수익을, 불황일 때는 낙폭이 적다. 돈 냄새를 잘 맡는 사람은 돈 되는 것을 산다. 비싸도 좋은 것을 사야 하는 이유는 결과가 말해 준다.

반면 싼 것은 어떤가? 지역의 낙후성, 건물의 노후도와 밀집도, 비선호시설 유무, 서울 접근성 나쁨, 일자리 부족, 교통 불편 등 가격이 낮은 이유 또한 분명히 있다. 우리 속담에 "싼 게 비지떡"이라고 했다. 부동산 투자에도 유효한 말이다. 가진 자금이 적다 보니 싼 것만 찾는 심리를 이해는 한다. 자금에 물건을 맞추다 보니 선택의 폭이 좁은 게 사실이다. 하지만 코너에 몰린 결정을 하지 말라는 것이다.

부동산 투자에서 순간의 선택은 두고두고 골칫거리로 남을 수 있다는 것을 알아야 한다. 잘못된 투자로 밤잠 못 자는 분들의 사연을 들어보면 비슷비슷하다. 악성인 내 물건을 누군가 받아줘야 빠져나올 수 있는데, 받아줄 눈먼 사람이 없다는 것이 주 내용이다. 남들은 나보다 더 현명하고 지혜롭다는 것을 알자. '샐리의 법칙'은 남에게 해당되지 내게는 적용되지 않을 가능성이 훨씬 많다.

냉정하게 말하면, 싸고 좋은 것은 없다! 문맥 자체가 안 맞는 말이다. 불특정 다수가 자유의지로 거래하는 자율시장에서는 비합리적인 것은 존재하기 어렵다. 시장은 수요와 공급에 의해 질서가 흐르는 곳이기 때문이다.

서울 집값이 왜 비싸겠는가. 여러 이유가 있겠지만, 한 마디로 좋아서다. 많은 사람들이 원하고 대세로 기울면 그것이 표준이 되는 것이다. 최근 서울시 강남3구의 아파트 가격이 3.3제곱미터 당 1억을 넘기는 단지가 계속 생겨나고 있다. 1억을 주고도 살고 싶을 만큼 좋은 것이라는 인식이 있기 때문에 기꺼이 고가의 돈을 지불하는 것이다. 시장에서 불특정 다수가 객관적으로 인정하는 접점이 바로 가격이니까 가격만큼 합리적인 것이 없다는 말은 무리가 아니다.

서울을 예로 들어보자. 유구한 역사, 교통 발달, 양질의 일자리, 대도시 인구밀집, 학군, 대형병원 등의 복합적인 '집적 효과'가 하루아침에 형성된 게 아니다. 지금 현재 서울은 서울 시내 사람들이 구(區)를 바꾸어 이사를 하는 서울시 갈아타기 인구만 시장 참여를 하는 것이 아니라는 것이 본질이다. 부산, 대전, 대구, 광주 등 지방에 근거를 둔 사람들도 서울 수도권으로 올라온 자녀를 위하여 또는 재산 불리기나 위험 헤지(Hedge) 차원에서 서울 부동산 시장에 참여한다. 심지어 외국인들도 서울에 있는 부동산 매입에 나서고 있지 않는가. '서울 부동산으로 돈이 몰려드는 현상'이 본질이지 '왜 가격이 이렇게 오르는가?'는 맥락에 불과하다. 똑똑한 경제적 인류가 본질에 충실하게 되는 데는 "서울 부동산을 매입하면 망하지 않는다"는 확신이 있다는 것이다.

얼마 전 대구에 소재하고 있는 유명 국립대학의 자퇴생이 5년 동안 3천 명이나 된다는 뉴스를 보았다. 경제적 인류는 뉴스의 내용보다 뉴스의 해석에 집중한다. 대구의 유명 국립대학은 한때 서울대 비인기학과보다 점수가 더 높은 학생들이 가는 유명 대학이었다. 지금도 좋은 학교가 맞지만 자퇴생이 계속적으로 늘어나는 문제를 자세히 들여다보아야 한다는 것이다. 자퇴생과 경제가 무관하지 않다는 것이다. 세상은 연결이다. 반복되는 일은 분명 메시지라는 것이다.

단순하게 집을 사고 파는 것 이상의 파생적 효과들이 돈과 연결되어 있다는 것을 인지하고 분석해야 한다. 돈은 유기체 같아 더 큰 부(富)를 만들기 위해 효과가 확실한 곳으로 몰려드는 것을 어떻게 인위적으

시시한 엄마에서 도도한 엄마되는 부동산 투자

로 막을 수 있겠는가. 보다 더 가치 있다고 생각하는 수요가 돈과 사람의 서울 수도권 러시(Rush) 현상을 만든 것이다. 지방의 유수대학을 자퇴한 학생들이 학업 자체를 포기한 것이면 큰 의미는 없겠지만, 수도권의 대학에 다시 재도전을 위한 중도 포기는 돈과 사람이 좋은 곳으로 흐른다는 속성을 여전히 보여 주는 예라는 것이다. 수요가 있는 곳에는 언제나 높은 가격이 형성된다는 기본에 충실했을 뿐, 좋은 곳을 찾아 몰려드는 자금을 어떤 정책과 규제로 막을 수 있겠는가.

좋은 곳은 가치가 그만큼 크다. 언제부턴가 우리 사회에 수저 계급이 등장했고, "개천에서는 용이 날 수 없다"는 절망적 통계가 나왔다. 그러자 수저 등급을 바꾸기 위한 현실적인 움직임들이 부동산업계에도 많이 나타났다. 그런 현상의 연장선으로 현재 1주택을 갖고 있는 유주택자가 인프라가 우수한 상급지로 이사를 가기 위한 계획이 이어지고 있는 것이다. 객관적으로 검증된 '상급지=좋은 곳'이라는 시장 해석에 따라 이사를 원하는 것은 어쩌면 당연한 현상이다. 대중이 너무나 현명해졌다는 사실을 인정하고 각자의 부(富)를 키워 나가는 길을 열어 주는 것이 올바른 방향이지 않을까.

돈은 가만히 있지 않는다. 좋은 곳으로 흐를 뿐이다. 질문을 바꾸자! 어디가 좋은가요?

23

거부가 된
은행지점장

생각이 보수적인 은행원들에 비해 사고가 유연한 모 은행의 여 지점장 이야기다. 4인 가족 기본 세팅은 동년배 다른 가정과 비슷하다. 자녀 2명과 배우자 그리고 본인, 이른 아침 출근하여 은행지점 살림을 책임지는 워크홀릭 스타일의 맞벌이다. 표면적인 전력은 평범한 직장인 라이프다. 현재 그녀는 금융 커리어를 갖춘 50대 초반의 전문직 중년 여성으로, 서울의 유력 지역에 고가의 부동산을 여러 개 보유한 재력가이기도 하다. 부의 출처를 질문했더니 부부의 수입으로 만든 결과물이란다. 그녀가 다른 사람과 다른 점이 있다면 지역 분석에

시시한 엄마에서 도도한 엄마되는 부동산 투자

신경을 쓴다는 것이다. 나와의 인연은 2021년 초 서초구 소재 한 아파트를 구매할 때부터였다. 당시 추천했던 매물은 10년차 101제곱미터 아파트로 13억 5천에 나온 급매였다.

20번 넘게 발표된 초강도 부동산 정책으로 다주택자가 집을 팔지 않으면 보유세와 양도세 중과로 수익을 환수하겠다는 뉴스가 도배되고 있었고, 유리 멘탈들은 팔아서 소나기는 피하고 보자는 그런 분위기였다. 급히 집을 보여 주고 의중을 물었더니, 당장 계좌를 요청하라는 것 아닌가! 그렇게나 빨리 말이다. 빛의 속도로 주문하는 그녀의 촉에 나도 적잖이 놀랄 정도로 과감한 결정이 내려졌다.

문제는 현재 살고 있는 경기도 광교 신도시의 아파트를 매도해야만 이 집의 잔금이 해결되는 갈아타기였다. 하지만 살고 있는 집 매매는 그 순간 그녀에게 큰 문제가 되지 않았다는 것이 중요하다. 그녀는 동물적 감각을 여지없이 발휘했고, 마치 지금 송금을 하지 않으면 다시 잡지 못할 기회를 아는 것처럼 결정은 빨랐고 정확했다. 송금 후 숨을 가다듬고 살고 있는 광교 아파트 매도 작전을 세우는데 이때도 그녀는 분명 남달랐다. 작전인 즉, 서초구 급매를 삼천만 원 정도 저렴하게 잡았으니 광교의 매도할 아파트도 잔금을 위해 이천만 원 싸게 팔면 시간 싸움에서 스트레스를 안 받는다는 것이 그녀의 계산이었다. 그녀의 촉은 적중했을까? 역시다.

신도시 내 브랜드 아파트를 2천만 원 싸게 매물로 접수하니 동네의 부동산들은 앞다투어 매물을 홍보해 매도에 동참했고, 빠르게 계약해서 성공했다. 당시는 호가가 신고가가 되는 급등시장이어서 2천만 원을 깎아 준다는 것은 매수의 구미를 당기기에 그만이었다. 그녀는 결국 싸게 매수한 금액만큼 싸게 던져 원하는 지역으로 갈아타기에 성공한 것이다. 박수를 받을 일이다. 이후 어떻게 되었을까. 2021년 초에 매입한 그녀의 서초구 급매 아파트는 지금 9억이나 올라 버렸다. 쉽게 떨어지지도 않지만 한 번 오른 집이 빠진다고 하여도 낙폭이 크지 않다는 것을 이미 아는 그녀는 고수다.

마포구의 아파트도 마찬가지로 결정했고, 강남구에 있는 아파트도 같은 방법으로 과거에 그렇게 했다는 경험을 전해 들었다. 재미있는 것은 그녀 남편의 반응이다. 남편은 모 회사를 경영하는 대표로 경제 활동 최일선에 있는 장본인임에도 살고 있는 집이 매도되지 않는 상태에서 새로운 매수를 하겠다고 의논하면, "급할 것 없으니, 매도를 먼저 하고 돈을 손에 쥔 다음, 그리고 천천히 보자"는 말만 매번 되풀이했다는 것이다. 남편의 성향을 익히 알기에 선(先) 송금, 후(後) 통보를 한다는 그녀 나름의 통달이 있었다. 옆에서 보는 나 또한 순간 번

쩍이는 그녀의 매수 결정에 또 한 수 배웠고, 그녀가 입사동기 중 유일하게 지점장까지 승진한 이유를 짐작할 수 있었다. 리더는 남다른 추진력과 시장을 바라보는 내공이 있기에 그 자리에 있다는 것을 알게 해준 여지점장이었다.

돈이 불어나는 것을 경험한 지점장은 지금도 월 1회 정도는 부동산 시장 동향 파악을 위해 전화를 한다. 뉴스와 인터넷에 정보가 다 나올 테지만 현장 확인을 위해 꾸준히 전화하는 것을 보면 확실히 부자가 돈에 관심이 많다.

24

온가족이 함께하는
투자 공부

내가 아는 A씨는 성공한 직장인이다. 그가 직위가 높고 연봉이 높아서가 아니라 월급으로 시드 머니를 먼저 만들었고, 시기적절할 때 사 놓은 부동산 투자로 큰돈을 번 장본인이어서 그를 성공했다고 표현하는 것이다. 그의 아내는 전업주부이고 아들이 둘 있는 그저 평범한 우리네 가정 모습이다. A씨는 자주 내 사무실에 오는 편인데 몇 년을 그와 거래하며 느끼는 점은 뭔가를 매수하는 데 드는 시간이 매우 짧다는 것이다. 심지어 어떤 때는 와서 금방 사기도 한다.

부동산 투자를 빛의 속도(?)로 결정하는 그의 내공은 도대체 어디

시시한 엄마에서 도도한 엄마되는 부동산 투자

서 왔을까? 오래 그를 지켜 본 결과는 이랬다. 엄청난 독서량과 경제 공부를 하고 있었고, 부부와 두 아들까지 참여하는 토론을 통해 가족 간의 합의로 다툼이 적었으며, 두 아들 또한 상당한 투자 안목을 갖고 있는 것이 확인되었다. 임장도 가족끼리 함께하는 편이었고, 투자할 대상에 대한 자료 취합이 된 상태에서 나를 만날 때면 마지막 확인과 물건을 찾으러 온다는 것을 알게 되었다.

그렇다. A는 부자가 될 충분한 자격과 이유가 있었다. 현재 그는 50대 중반인데 상당한 부를 거머쥐었고, 별다른 일이 없으면 앞으로 도 꾸준히 부자로 살아갈 것 같다. 특히 A씨의 두 아들이 미래에 이뤄 갈 부(富)의 크기가 기대되는 것은 20대임에도 투자 맵을 제법 잘 짜는 실행력 때문이다. 투자 프로세스를 잘 이해하고, 디테일한 방법과 돈 의 길을 아는 것을 보면 부자 아버지의 아들임이 분명했다.

A씨가 읽은 책은 아들도 거의 읽는 편이라 경제 눈높이가 비슷하 게 맞춰져 있어 분쟁이 많지 않다는 것이다. 가족이 똘똘 뭉치니 에너 지의 합은 당연히 커지고 결정은 빠를 수밖에 없다. 투자에 관록이 있 는 아버지가 아젠다를 던지고, 손 빠르게 검색하고 물건 찾는 것은 두 아들이, 최종 결정은 집안의 세 남자를 총 지휘하는 꼼꼼하고 예리한 아내의 역할이다. 각자 잘하는 업무 분담으로 최선의 결과를 만들어

내는 '함께'의 힘이 숨어 있었다. 물론 20대의 두 아들도 자기 직업이 각각 있으니 여러 가지로 준비가 잘 된 케이스로, 현재 이 집의 자산 규모는 억 단위로 세 자리 수를 자랑하고 있으니 성공한 직장인임은 분명하다.

거기다 A씨는 미담 제조기다. 한번은 오랫동안 알고 지내는 친동생 같은 후배라며 소개를 시켰다. 후배가 아직 부동산을 잘 모르기 때문에 하루빨리 투자에 눈을 뜨게 해주고 싶다는 것이었다. 그는 가진 돈이 많지 않는 상태였고, 투자에 관심도 별로 없는 평범한 영업사원이었던 걸로 기억한다. 이 후배가 잘 되어야 하고 부자로 만들어 주어야 한다며 본인이 더 야단이었다. 우여곡절 끝에 지역의 메인 단지 매물을 찾아 계약하는 데 성공했다.

한참 후에 알게 된 이야기는 이랬다. 후배가 돈이 없다는 것을 알고 있었기에 설명은 같이 듣게 하고 계약금은 후배가 직접 감당하게 했다. 나머지는 거의 A씨가 대납을 하고 후배가 형편이 나아졌을 때 그 큰 목돈을 되돌려 받았다는 것이다. 후배가 매수했던 그 아파트는 현재 20억을 호가하고 있으니 A씨는 자산만 부자가 아니라 마음은 더 큰 부자가 분명하다.

그뿐이 아니다. 회사의 후배들도 월급만 가지고는 잘살 수 없다며

'후배 정신 개도'를 자처한다. 직장인도 얼마든지 부자가 될 수 있다는 기준을 세운 A씨는 월급쟁이도 '부동산과 동업'해야 한다는 운동을 먼저 시작한 롤 모델인 셈이다. 후배와 지인들을 내게 소개시켜 주며 주변 사람들을 부동산으로 입문시키는 역할을 기꺼이 감당한 사람이다. 후배들에게 부자가 되어가는 모습을 직접 보여 주었기 때문에 발언도 먹히고 존재감 있는 사람이 되었다. 현재 그의 동료들 대부분은 추천한 대로 투자하고, 매수하여 실거주와 전세 레버리지를 잘 활용해 월급쟁이 부자로 성장해가고 있는 중이다. 물론 오래 보유하지 못하고 단기 매도를 하는 사람도 간간이 있었지만, 자산 조정을 하고난 후 지킬 것을 흔들림 없이 지켜나가는 사람들을 바라보니 내 마음 또한 뿌듯하다. 처음 만날 때는 외곽에 살았던 A씨의 동료들이 지금은 실거주 지역을 상급지로 갈아타는 데 다들 성공했다.

A씨가 후배를 챙기는 모습에서 나에게도 생각 하나가 확장되었다. 그것은 꾸준히 관리해 온 고객들 당대의 자산 키우기를 넘어서, 그 주변과 그들의 자녀들을 위한 코칭까지 부자가 되기 위한 꿈들을 응원하고, 미래의 시간을 위해 누대에 걸쳐 부동산 자산 관리를 해야겠다는 생각이 들었다.

그 후 내 사무실을 '꿈 연구소'로 이름 붙였다. 내 맘대로 이름 지어 놓고 이런저런 꿈을 많이도 꾸고 있다. 이름대로 되고 꿈꾼 대로 되는 것을 나는 믿는다. 내가 운영해 온 투자클럽을 통해 서로의 성공을 응원해 주고, 각자가 다른 자기만의 목표로 부자가 되기 위한 꿈을 키우고 있으니 이 정도면 '꿈 연구소' 이름에 맞지 않을까.

내 주변에 A씨처럼 부자 DNA를 가진 사람이 많아지는 일은 상상만 해도 가슴 벅차고 웅장해진다. 긍정적 부자 한 사람이 퍼뜨리는 선한 영향력은 월급쟁이를 춤추게 한다. A씨처럼!

. . .

부동산 투자의 성공 여부는 심리와 시간이다.

특히 심리는 투자를 결정하는 전 과정의 핵심 요소이다.

수많은 도전자가 투자에 대한 확신이 없어 안타깝게도 중도에 하차하고 만다.

돈보다 실물이 강하다는 것을 알았다면 매수하고, 매수한 것은 지키면 된다.

Part 5

부동산 투자
근육 기르기

⌃
25
대출은
무서워

부동산 투자에서 대출은 든든한 지원군과 같은 존재이다. 상환 능력이 있다는 가정 하에 대출의 필요성에 대해 알아보자. 부동산을 자기 자본으로만 구매할 수도 있지만 현실에선 그런 사람이 많지는 않다는 것이다. 실제 레버리지를 이용한 투자가 수익률이 더 높게 나오기도 하고, 자본이 클수록 기회비용과 자산 키우기에 유리한 고지를 점할 수 있으니까 말이다.

[2021 한국 부자 보고서]에 의하면, 부자들은 빚을 내는 데 거리낌이 없었다고 조사되었다. "영끌하면 망한다"고 정부와 언론은 경고 메

시시한 엄마에서 도도한 엄마되는 부동산 투자

시지를 냈지만, 공부하고 분석하여 망하지 않는다는 확신 가운데 부채를 활용해 주식이나 부동산 투자를 했던 능동적인 사람은 빚을 내서 돈을 벌었다는 것이다. 부채의 내용을 들여다보니, 자산을 늘이기 위한 빚으로 자산규모는 부채규모를 훨씬 웃도는 상황이라 부채가 크게 문제가 되지 않는 건강한(?) 부채였다는 것이다.

부동산 투자는 대부분 대출계획과 같이 움직이는 패키지인 셈이다. 상담을 하다 보면, "나는 빚이 한 푼도 없다"고 자랑삼아 이야기하는 사람들을 종종 만난다. 빚이 한 푼도 없다니 먼저는 부럽다. 하지만 빚에 대한 인식의 전환이 필요하다. 부채가 많다는 것은 자산이 많다는 말과 연결된다. '빚이 없다'는 말이 투자 활동을 하는 경제적 인류에게는 꼭 맞는 말은 아니라는 것이다. 앞에도 언급했지만, 투자는 자기 자본과 레버리지가 합해져 이익을 더 극대화할 수 있는 스킬이 되기 때문에 대출을 이용하는 것이 훨씬 더 유리하다. 오해가 없기를 바란다. 그렇다고 부채를 장려하는 것은 아니다. 이자는 비용이고 당연히 아깝다. 또 감당할 수 없을 땐 위기에 직면하는 원인이라는 것도 잘 알고 있다. 건강한 부채 범위의 레버리지라는 것을 밝혀 둔다.

30~40대에 시작한 부동산 투자가 50~60대가 되면 어느 정도의 보유기간이 있기 때문에 자산가액이 상승되어 있다는 것을 알 것이

다. 이때는 자녀 독립과 기타의 목돈을 필요로 자산 조정을 시도하면 된다. 보유한 어느 것 중 하나의 처분만으로 기존의 부채를 줄이거나 없애는 것이 얼마든지 가능한 시나리오가 나온다는 것이다. 30~40대에 경제적 인류로 살아온 사람이 50~60대에 가난하게 살 확률은 거의 없다고 봐야 한다. 오히려 미리부터 공부한 통찰력이 더 명확해져 파이프 라인을 성공시켜 놓았을 확률이 높다는 것이다.

문제는 수명이 늘어났음에도 생각이 바뀌는 환경을 따라가지 못하는 사람들은 빚 없이 깔고 사는 집 한 채가 재산의 전부인 그들의 논리를 들어보면 이렇다. "집 하나 있으면 되지" 하는 안전지향에 갇혀 더 이상의 새로운 것에 관심이 없다는 것이다. 하지만 내 생각과 무관하게 세상이 달라졌다. 집 하나로 만족하는 고객의 생각에 큰 오류는 없어 보이지만, '빚이 없다'는 것에만 무게를 두고 부를 키워 나가는 데는 큰 관심이 없다는 것은 재편되는 부의 계층에서 하방으로 밀려날 가능성이 있다는 것을 잊으면 안 된다.

투자를 안 한다는 것이 비난받을 일은 아니지만, 모든 것은 인과가 아니겠는가. 투자를 안 하면 갈수록 가난해지는 구조적인 시대를 살고 있다는 게 문제이다. "모든 것은 움직인다"는 것을 전제로 지금의 자산이 현재의 가치에 머물러 있지 않기 때문에, 빚 없이 마음 편한 것에서 조금 용기를 낼 필요가 있다는 것이다. 대출을 이용하더라도 부동산 투자의 지평을 넓혀가는 것이 현상유지 또는 부자의 관문으로 들어가는 길임을 기억해야 한다.

　여기 실재하는 평범한 두 직장인을 언급해 보겠다. A와 B는 같은 대학을 졸업한 1년차 선후배이다, 회사도 같은 곳에 다닌다. 출발은 비슷해 보였다. 시간이 흘러 A는 등산을 좋아하는 이유로 북한산 가까이 성북구의 아파트를 자기 자본과 약간의 대출만으로 무리 없이 구입했다. 반면, B는 강남의 대치동 학군을 포기 못해 능력치 최대한의 대출과 외부차입을 통해 대치동 소재 아파트를 2014년에 구입했다. B는 A에 비해 대출이자 부담이 컸고, A보다 힘든 시간을 감내했을 것이다. 현재 A와 B는 살고 있는 단순 집값 차이만 20억이 넘어 지금은 둘 사이에 건널 수 없는 강이 생기고 말았다.

　B처럼 대출제도를 잘만 활용하면 지역 선택의 폭을 넓히고 가능성이 더 많아지는 것은 당연한 것 아니겠는가. 한 채를 구매할 자금에 대출이 더해져 두 채를 샀다고 가정해 보자. 부동산이 장기적 우상향임을 감안한다면, 한 개보다는 두 개의 물건이 만들어내는 결과물은 반드시 배수효과로 돌아온다. 투자는 더하기가 아니라 시간이 만들어내는 승수효과이기 때문에 주거래 은행과 친해져 가능하면 대출을 이

용하라는 것이다. 담보대출이 많다는 것은 담보자산이 많다는 말이다.

대출을 겁내지 말라는 취지 또한 이러하다. 부동산 가치가 상승하여 보유한 매물 중 하나를 매도하면 언젠가 대출금을 일시에 상환하고도 남는 날이 반드시 온다는 것이다. 대출이 투자에서 든든한 파트너와 같음을 인지하고 투자에 대한 생각은 '항상 하라!'고 말해 주고 싶다.

50대에 올라서면, 두 부류로 보통 나뉜다. 노동 정년을 생각하여 30~40대에 투자해 놓은 든든한 부동산 열매로 사는 사람과 대출 없이 마음편히 가난하게 사는 사람으로 나뉜다는 것을 명심하자. 상담을 하다가 재산이 적은 사람들은 대부분 지난 과거의 "내가 살 뻔했는데 너무 비싼 것 같아 안 샀고, 저 아파트는 갖고 있다가 팔았고……."라는 이야기가 대부분 과거에 자기도 살 수 있었다는 것이다. 이런 분들은 지금도 역시나 못 사고, 5년 후쯤 똑같은 말을 되풀이할 것이 예상될 뿐이다. 자산규모가 크게 차이가 나면 서로가 불편해 관계를 지속할 수 없는 '외로운 날이 올 수도 있다'고 하면 너무 비약하는 것일까. 불편한 진실이다. 나는 귀찮아 가만히 있었지만, 누군가 성장을 위해 움직였다면 상대비교에서 가만히 있었다는 것은 퇴보한 결과가 되어 버린다. 선택은 본인의 몫이지만, '할 수 있을 때 하라'는 것이다.

시시한 엄마에서 도도한 엄마되는 부동산 투자

투자도 때가 있고, 돈도 벌 수 있는 때가 있다는 것이다. 노후는 화살처럼 빨리 온다.

생각 비틀기를 해보자. 나는 대출과 함께 성장하는 사람인가, 빚 없이 가난으로 달려가는 사람인가? 지금은 대출규제 정책으로 대출을 받고 싶어도 받을 수 없는 돈 가뭄 시기를 건너가고 있다. 이처럼 경제환경, 투자환경이 언제 바뀔지 모르는 것이니 기회 있을 때 활용하는 방법이 이기는 것이다. 밥상이 차려지면 바로 먹는 것이 가장 맛있다!

26

대출규제를 하면
틈새가 생긴다

2021년 10월에 금융위원회에서는 가계부채 관리방안을 지난 7월에 이어 또 추가발표를 했다. 현재 한국의 실질 가계부채는 3170조다. GDP대비 200%에 육박하니 금융당국은 대출규제로 부채비율을 낮추려는 정책과 권고 메시지를 계속적으로 내보내고 있는 것이다. 본질은 개인이나 가계에 빚이 너무 많다는 것이다. 심리가 위축되어 최근 부동산시장도 거의 멈췄다. 전·월세, 매매 문의가 확연히 줄었고, 거래가 멈춘 현상이 나타나고 있다. 거주의 활동범위를 축소시키는 정책은 통화의 유속을 늦추는 효과가 있다. 그렇다고 '자산평가액이 떨어질 것이냐?'는 다른 각도로 봐야 한다.

지금 부동산시장의 가장 큰 변수는 수년째 서울 도심 내 신규 공급이 거의 없었던 점을 주의 깊게 보아야 한다. 시장은 큰 틀에서는 수요공급 불균형이 가격을 만들기 때문에 그렇다.

그래프가 보합인 것과 하방은 다른 해석이기 때문에 주요 지역의 공급부족에 대한 저항으로 수요 에너지가 규제를 뚫고도 남는 것이면 세금정책과 수요억제 정책은 힘이 떨어질 수밖에 없다는 것을 면밀하게 살펴보아야 한다.

지금의 서울시는 넘치는 수요를 공급이 받쳐 주지 못하고 있는 대표적인 매도자 우위시장이 계속되고 있다. 시장을 이기는 정책은 없다. 돈은 흐르는 유체이므로 조금이라도 안정적이고 수익이 나는 곳으로 흘러간다는 것을 인정한다면 딜레마에 빠진 박스권 시장을 벗어나 돈이 '어디로 가겠는가?'를 찾아내는 것이 우리가 공부하고 집중해야 할 일이다.

시장 유속이 느려진 때는 남의 소리에 의지하지 말고, 본인이 내공을 키우는 시간을 꾸준히 가져서 외부로부터 들리는 폭발적 정보를 걸러내는 능력을 키워나가야 하는 시기다. 가파르게 우상향 할 때는 시장의 박자를 따라가느라 숨이 차지 않는가. 지금은 공부할 때다. 부동산시장의 계절적 비수기까지 겹쳐서 당분간은 관망과 보합 시장이 이어질 것으로 전망된다. 시장의 방향이 달라지는 전환기는 나 자신의 버전을 업그레이드하는 기회로 생각해 두자.

공부를 강조하며 하고 싶은 이야기의 '본질'은 상급지에 공급이 거의 없었고, 수요가 계속 생기고 있다는 것이다. 금리상승 뉴스가 나오지만 본질은 수요공급이 포인트이니 수요에 의해 움직일 가격의 향방을 예의주시해야 한다는 것이다.

통화 긴축으로 돈 구하기가 쉽지 않을 때는 돈의 값인 금리가 올라가는 것은 당연한 수순이다. 금리가 오를 때는 채권 가격은 오르고 반비례 관계인 주식은 떨어지거나 조정을 받는 경우가 대부분이다. 이럴 때는 주식하는 사람은 평소 공부해 두었던 우량주나 가치주, 성장주에 상관없이 평소 자기가 봐두었던 기업의 주식을 저가(低價) 매수 찬스로 보면 될 것이고, 나처럼 부동산을 전문으로 보는 사람은 대출이나 세금 때문에 나오는 매물의 조정된 가격에 집중해야 한다는 것이다. 만약 부동산 접근이 어렵다면 주식투자나 적립식 펀드라도 시작하라는 투자의 당위성을 강조하고 있는 것이다. 이런 시기가 바로 기회이고 틈새인 것이다.

뉴스가 나쁜가? 그러면 기다리면 된다. 우울해하지 말고, 시장의 위기를 기회로 볼 줄 아는 통찰력이 필요하다. 태풍이 도착하기 전에 비와 바람이 먼저 오는 것처럼 지금처럼 대출규제 정책으로 통화량을 줄이면 보폭을 줄이고 기다리면 된다.

막상 틈새시장을 노리라고 코칭을 해주어도 나홀로 독야청청할 용기가 도무지 안 생길 수 있다. 하지만 경제는 패턴이 반복되는 성질이 있다는 것을 알자. 틈새는 통화를 긴축시키고 금리를 올리는 이 때인 것이다.

나아가지 않으면 나빠지고 있다고 생각하고 부를 키우는 노력을 멈추면 안 된다는 것이다. 말처럼 쉽지 않다는 것 너무나 잘 안다. 불황에 원금을 잃을 것 같은 두려움은 나 또한 마찬가지다. 위기 때는 부동산시장의 그림을 '큰판'으로 바라보아야 한다. 최저점과 최저가는 누구도 모르는 것이므로 근처 비슷한 지점까지 오면 과감히 행동을 취하면 되는 것이다.

가끔 중개를 하다 보면 현재의 아파트가 2년 후 전세 만기 돌아올 시점에 얼마가 되겠냐고 묻는 사람들이 있다. 신도 모르는 것을 나에게 묻는 것이다. 방향을 보고 가는 것이다. 장기적 우상향 큰 그림을 보고 지엽적인 것보다 전체를 바라보아야 현재의 답답한 장세가 눈에 들어온다는 것이다. 안개에 갇혀 안 보일 때는 차라리 뚝심을 갖고 가만히 기다리는 것이 좋다. 가장 최악은 불안해서 내다 파는 것은 지양해야 한다. 대출규제 뉴스를 해석할 수 있기를 바란다. 시그널에 주눅 들지 말고 본질을 보아야 한다. 본질은 통화량을 줄인다는 것이다. 줄이면 유속이 느려지는 것이지 가격이 하락한다는 의미가 아니다.

미국 연준 의장이 테이프링(Taperring, 양적완화 축소)을 예고했다. 환율과 금리에 대한 함수관계를 경제적 인류들은 이미 익숙해 있고 그때가 언제인지를 가늠하고 있을 뿐, 거듭된 예고에 나름의 방어력을 겸비해 두었다는 것이다. 만약 테이프링이 실행된다면 면역력이 작용한다는 것이다. 긴축과 완화는 경제의 사이클일 뿐 황당한 사건이 아니다.

27

부부는
통분부터

"나보다 우리가 낫다"는 말을 지하철역에서 본 적이 있다. 그렇다. 혼자의 힘보다 둘의 힘이 당연히 세다. 부동산 투자에서도 부부의 에너지 합은 높은 성공률과 직결된다. 부부가 같이 공부하고 임장을 같이 하면 비용도 줄이지만 큰 다툼이 없다는 게 장점이다. 관점을 맞추면 얻어지는 게 생각보다 많다.

어느 한쪽만 관심이 있고 한쪽은 문외한일 때, 상대를 이해시킨다는 것은 큰 소모전이다. 이 세상에서 가장 어려운 일 중 하나가 "내 머릿속의 지식을 남에게 이해시키는 일"이라 했다. 장기간 보유할 부동산 문제를 가족의 동의 없이 어느 일방이 결정해 끌고 간다면 다툼의 여지는 항상 남게 된다. 요즘처럼 부동산법이 조석으로 바뀌는 시국에는 가족 몰래 사 놓은 부동산은 세금 먹는 하마가 될 수 있으니 의논은 필수다. 1가구 1주택인 줄 알고 비과세를 확신하고 의심 없이 매도했다가 배우자나 다른 가족이 몰래 사 놓은 부동산으로 인해 중과세가 부과되는 예가 최근 왕왕 있기도 하니까 말이다.

그래서 실전에서 부부의 분모가 다르다면 통분부터 해야 한다. 분위기에 휩쓸려 충천하는 자신감에 계약금 일부를 송금한 후 배우자에게 이해를 못 받아 다툼과 손해로 이어지는 경우가 종종 있다. 실제 실무에서 어느 일방의 단독 범행(?)일 때 많이 발생하기도 한다. 부동산 매입은 자기자본과 대출제도를 이용해 자금계획을 세우는 게 일반적이다. 그러므로 투자 이전과 이후의 생활패턴이 똑같을 수는 없을 것이다. 투자를 한다면 생활비 변화는 가족 구성원 모두에게 이해되어야 할 고통분담이고, 이때 부부의 분모가 다르면 가정불화의 화근이 된다는 것을 기억하자. 의논 없이 한 법률행위는 다툼을 불러온다. 옆을 쳐다보자. 부부는 같은 편이다.

우리 부동산은 투자클럽을 운영하기 때문에 소그룹 강의와 토론 모임이 가끔 열린다. 이때 부부가 같이 참석하여 같은 방향으로 눈높

시시한 엄마에서 도도한 엄마되는 부동산 투자

이를 맞춰 가는 부부들이 있다. 그들과 인연을 맺은 것이 벌써 6년 여를 넘기고 있다. 그런 분들의 현재 타율은 어떨까? 차이는 있지만, 대부분이 수십 억에서 백 억 단위로 자산 평가액이 오른 집도 생겼다. 물려받은 부자가 아닌 경우였고, 부동산에 관심이 남들보다 더 있다는 정도에서 출발한 사람들이 일군 결과이다.

마음에 드는 물건을 선택하려고 하는데 자금이 턱없이 모자라 고민에 빠진 남성이 있었다. 그때 아내가 남편 몰래 모아둔 목돈의 존재를 알리며 사고 싶었던 물건을 매수한 경우를 본 적이 있다. 결국은 부부가 공통분모를 같게 맞춘 덕분 아니겠는가. 부부가 뭉치면 시너지가 커지고 효과와 타율이 높아져 자산 폭발력도 배가 된다.

부부의 공통관심사로 큰 부를 얻은 경우는 너무나 많아 열거하기도 모자라지만, 상담 중에 어느 일방만 경제적 인류인 경우가 항상 갈등과 다툼으로 이어진다. 부부 합의가 안 되어 남편 혼자 스트레스를 받으며 속을 태운 경우가 있었다. 그 남편은 이공계 출신으로 숫자와 분석에 매우 일가견이 있는 스마트한 현대인에 속하는 고객이었다. 본인이 주식과 코인 부동산을 분석해 매수하려고 마음을 굳히면 번번이 내부에서 브레이크가 걸린다는 것이 그의 고민이었다.

한번은 다투다가 힘들었는지 아내와 같이 방문을 예약하고 투자해야 하는 이유를 부탁해서 일단 만나 보았다. 언제나 느끼는 것이지만 이야기는 쌍방을 다 들어봐야 안다는 것을 다시 한 번 알게 해준 계기가 되었다. 주부들만의 공통분모를 찾아가며 라포를 형성한 후 경계심을 풀었는지 그 아내가 자기 언어로 많은 이야기를 쏟아놓았다. 과거 수많은 주식투자를 통해 남편이 번번이 돈을 날린 이야기가 주를 이루었고, 남편이 투자만 하면 실패를 한다고 원망했다. 그럼에도 남편을 믿고 기다려 줬다는 것이다.

가만히 아내의 이야기를 듣다 보니 나의 모습도 투영되며, 역지사지라면 나 또한 가정을 위해 반대했을 것 같은 공감까지 생기는 것이 아닌가. 아내는 안정지향형이고, 남편은 공격적 투자형에 속했다. 문제는 공통분모를 찾아야 한다는 것이다. 아내는 자녀들 뒷바라지가 있으니 남편의 투자가 잘못될까봐 반대하는 것이지 잘된다는 보장 앞에는 누가 반대하겠냐는 것이다. 이렇게 시원한 아내였는데 뭐가 문제란 말인가. 아내는 주식처럼 또 실패할까봐 투자한다는 말에 걱정부터 앞섰던 것이다.

그 날 이후 여러 번 전화통화도 하고 조금씩 친분을 쌓아가며 그 남편으로 인해 아내분과 더 친하게 되었다. 현재 그 부부는 추천받아 사놓은 아파트로 상향 이사를 한 상태이다. 투자를 말리던 아내는 부동산에 대해 더 적극적이고 관심이 높아져 돈 굴리는 고수가 되어가고 있다. 부부가 공통분모를 맞추고 보니 분석 잘하는 남편과 섬세한 아내가 환상의 시너지를 만들어 부(富)를 키워 나간 사례다.

28

눈에 보이는 게
다가 아니다

2014년 경기 남부 동탄2신도시 개발이 한창일 때였다. 공급 세대 수가 전국 신도시 중에는 가장 큰 규모를 자랑하는 곳이었다. 당시 115,000세대 공급계획에 대한 언론이나 시장의 반응은 결코 호의적이지 않았다. 예측은 결과 오류에 대해 책임회피가 쉬웠던 까닭이었을까. 당시 신문과 뉴스는 서울에서 멀고 공급을 받아줄 수요가 없을 것이라며, 공실 리스크를 우려하여 하나같이 동탄2신도시를 나쁜 예를 설명할 때 본보기가 되었다. 반복적으로 리스크를 예고하면 멘탈은 흔들릴 수밖에 없다.

무엇이든 모르면 불안하다. 신도시의 개발 패턴은 거의 비슷하다. 먼지 날리고 땅파기가 한창일 때는 무조건 사야 한다. 그때가 바로 무릎에 사는 것이다. 나는 당시 5년 후면 인프라가 어느 정도는 형성되니 믿고 사 놓으라고 권유하고 있었다. 분양을 하고 궁금해 건설현장에 가 보면, 타워 크레인은 꽂혀 있지만, 사실 사방이 황량한 벌판일 뿐이다. 수시로 드나드는 덤프트럭만 보고 올 뿐이지만 거기에 미래가 자라고 있는 것이다.

거대 신도시 발표가 나면 도시 완성까지 상당한 시간이 걸린다는 점을 이용해 마구잡이 기사 쓰기를 하는 기자들을 보면서 나는 가끔 이런 생각이 들 때가 있다. 언론사에서 부동산에 일가견이 있는 기자를 파견하는 것인지, 부서 배치를 하다 보니 부동산과 상관없는 인사가 배치되는 것인지 궁금할 때가 있다. 물론 최근 언론사에서 부동산이나 주식을 전문적으로 다루는 기자들이 모여 취재한 내용을 나누는 방송과 유튜브가 많다는 것 알고 있다. 가만히 들어보면 답은 없다. 결국 뉴스는 전체적인 흐름을 파악하는 참고용이지 의사결정을 하는 결정타는 아니라는 것이다.

모두가 알고 온 동네 소문난 곳에 수익이 많지 않다는 것쯤은 이제 상식으로 알고 있을 것이다. 답은 현장에 있다. 인터넷이 아무리 발달

해도 현장에서 얻어지는 힌트가 많은 분야가 부동산시장이다. 데스크에 앉아 지역 부동산의 미래를 점친다는 것이 모순이니 부동산만큼은 방송 언론에 너무 많은 비중을 두지 않기를 바란다.

집은 사람들의 생활에 반드시 필요한 필수재로 정치, 사회, 경제와 맞물려 돌아가는 종합적인 문제로 보아야 한다. 변수가 너무 다양하여 즉답이나 단답을 내리기 힘든 부동산시장의 특성상 도시의 장래를 몇 편의 기사나 취재로 다 담아낼 수 없다는 것이다.

모든 것은 늦을 뿐이지만 지나보면 알게 된다. 분양 당시 앞다투어 동탄2신도시를 우려먹던 언론들은 지금 어디로 간 것인가. 아파트가 너무 많은데 누가 다 들어가 살까 하고 걱정했던 사람들은 다 어디 갔는가. 입주폭탄, 입주공포를 외치던 언론은 자리잡고 안정을 찾은 입주 후의 상황에 대해서는 후속 보도가 없다. 그때 뉴스에 귀 닫고 믿고 매수한 사람들은 상승장이 장기간 이어지며 돈맛을 제대로 보았다. 미분양 공포에 반항이라도 하는 것처럼 동탄2신도시는 지금 보란 듯이 인프라가 약한 주변 지역의 인구를 흡수하는 블랙홀이 되었다.

공급량 속에는 미래의 답이 들어 있다. 대규모 공급이 예고된 곳의 인프라 구축은 당연한 것이다. 거대 신도시를 섬으로 남겨 두지 않는다는 점을 알고 먼지 날리는 초기에 내 소유로 만들어야 인프라가 완성되는 시점에서 큰 수익을 거둘 수 있다. 부자가 되어 본 사람에게 부자의 길을 물어야 한다. 기사나 뉴스에 휩쓸리지 말자. 기사는 어디까지나 참고용이다.

부동산 기사를 쓰는 기자들 중 부자가 많지 않다는 것은 무슨 의미일까. 언론이 광고성 기사로 소비자를 현혹시킬 때도 있는 것이다. 부동산에 관한 한 언론이 제 역할을 못하고 있다는 생각이 드는 것은 광고로 연결된 언론사의 구조적인 문제와 맞닿아 있다는 것을 참고하자. 부동산 뉴스는 개별성 때문에 현장취재가 가장 우선시 되어야 장단점을 간파할 수 있다. 건설사의 분양 홍보를 대신해 주는 역할만 한다거나 먼저 쓴 기사를 퍼 나르거나 글쓰는 기자 자신도 잘 모르는 내용으로 오보를 하는 경우도 가끔 있어 정보의 진위를 선별하는 게 소비자의 몫이 되었다.

이렇듯 내 공부 없이 언론기사나 타인의 결정에 휘둘리면 올바른 선택을 못할 가능성도 많고 최신 가전과 조명으로 메이크업을 한 모델하우스가 손짓하면 분위기에 휩쓸려 오판을 내릴 수도 있다는 것을 알아야 한다. 지금도 지하철역에서 물티슈와 갑 티슈를 주고 지나가는 '호갱님'을 찾는 호객꾼들을 만나지 않는가. 뿌리치고 오는 것이 일반적이지만 사람에 따라서는 궁금해서 따라 들어갔다가 계약서를 들고 나오는 경우도 실제 있다. 계약은 갑과 을이 바뀌는 중요한 법률행위다. 계약금이 송금되면 그때부터는 건설사의 스케줄대로 흘러가는 것이다. 즉 나는 을이 된다. 미래가치가 있는 매물은 호갱을 기다리지 않는다. 사람이나 부동산이나 잘난것은 도도하여 높은 청약률을 자랑할 뿐, "내 말 좀 들어보라"고 길가는 사람을 잡지 않는다는 것을 명심하자! 다시 강조하지만, 결국은 공부다.

현실에서 부동산으로 자산을 키우는 부자들 중에는 남의 시각이 아닌, 자신의 다리 근육으로 건강한 부동산을 매입하는 사람들이 대부분이다. 내가 사고 싶은 물건이 있는 주변 환경을 두루 조사해야 하는 것은 기본이다. 부동산은 환경, 즉 입지가 8할 이상이다. 인터넷으로는 가늠이 잘 안 되는 경사도 눈에 보여지는 사람들의 레벨이나 동네 분위기, 교통 접근성, 학교의 등교환경, 공기의 질, 중심가와의 거리 등은 현장에 가야만 더 잘 드러나는 정보들이다. 가상의 이미지보다는 실재하는 주변 환경들을 살피고 주도면밀한 관찰이 요구된다. 왜냐하면 내 돈은 소중하니까!

실제로 부동산 박사학위가 있는 이론 전문가보다는 현장을 두루 살펴 임장을 한 후에 부동산을 직접 매수하는 주부들의 타율이 훨씬 좋다는 것은 무엇을 말해 주는 것일까. 부동산 투자에는 이론과 통계 속에 잡히는 않는 현장에만 있는 메시지들이 분명 있다는 것이다. 눈에 보이는 것이 절대로 다가 아니다. 정말 중요한 것은 인터넷에 나오지 않는다.

^
29

뉴스에 사고
소문에 팔아라

투자에서 누군가 돈을 벌었다는 것은 누군가는 잃었다는 말이다. 모두가 돈을 버는 완전시장은 없기 때문에 자유경쟁 시장이 알고 보면 매우 잔인하다. 자본주의는 피도 눈물도 없는 무한경쟁, 울트라 수퍼, 제로섬 게임이다. 부동산시장도 다르지 않다. 투자를 하다 보면 성공만 하는 것은 아니며 실패를 맛보는 사람도 의외로 많다. 하락장에서 매도하면 당연히 손해를 보게 된다. 멀리 보면 현재는 항상 어느 구간의 한 상황일 뿐인데 모르면 두려울 수밖에 없다.

돈이 요상한 것이 내가 힘들고 위기라고 생각되면 더 멀리 도망가

버리는 요물이다. 돈을 빼앗기는 시기가 오면 순식간에 돈이 빠져나가 불안감과 두려움이 한꺼번에 몰려온다. 투자에서 그런 경험을 한 번 하고 나면 보통의 사람들은 상실감에 투자는 해서는 안 될 몹쓸 짓으로 생각해 마음을 아예 닫아 버리고 만다.

경제가 나빠질 가능성과 위험이 감지되면 언론이 앞장서서 나팔 수 역할을 해준다. 계속적으로 뉴스를 듣다 보면 정말 세상이 망할 것 같은 두려움까지 엄습해 온다. 대출 금리인상 뉴스는 또 어떤가. 마치 금리가 두 자리 숫자라도 오를 것처럼 겁을 준다. 그래야 언론이 역할을 한 것 같으니 말이다.

신기한 것은 시장과 사람은 제 살길을 찾아가게 되어 있다. 위험신호가 예고되면 상황에 맞게 시장은 과도기를 거치며 적응하게 되어 있다. 예고된 위험이 어디 위험인가? 위험하다고 언론이 나팔 불면 쌀 때 사라는 말이구나. 생각 비틀기로 역발상 접근도 나쁘지 않다는 것이다. 남들이 중심 이슈에서 멀어지면 원하는 협상을 할 수 있고, 그로 인해 수익은 더 커질 수 있는 기회가 되는 것이다.

나는 진짜 위험을 두 번 경험한 적이 있다. 우리 세대 모두가 겪은 1997년 IMF 사태와 2008년 미국발 금융위기 말이다. 그 당시 많은 사람들은 실패로 힘들었고, 파산을 경험한 기업과 개인에게 어마무시한 공포를 안겨 주었다. 무엇이든 지나가고 나면 흔적을 남기는 법, 두 사건이 쓸고 지나간 후를 보자. 강하게 맞으면 강하게, 시장은 나름의 항체가 생긴다. 그로 인해 경제의 체질이 바뀌고 금융의 환경이 글로벌하게 바뀐 순기능도 있었다. 뉴스에서 위험 사이렌을 울려대면 우울해 말고 사라! 정작 위험한 그 당시, 국가나 언론은 침묵했다는 것!

소문에 팔라는 의미는 또 무엇인가? 실무를 하다 보면 주식이나 부동산을 통해 돈을 벌었다고 밥을 사겠다는 자랑쟁이들이 점점 늘어날 때가 있다. 그건 경기가 상승국면으로 반등한다는 신호이다. 고수는 남들이 돈 벌었다는 소문이 들리면, 사람들의 심리 싸움에서 우위를 점하는 사람이다. 시장이 매수 분위기를 타고, 가격을 더 밀어올리는 소문이 들리면, 팔 것을 매도해 수익실현을 하라는 것이다. 내 물건을 받아줄 수요가 많다는 것은 비싼 가격에 팔릴 수 있는 가능성이 많다는 반증이니까.

사실 나는 실무에서는 사 놓은 부동산을 가능한 팔지 못하게 코칭한다. 자금이 필요해 꼭 팔아야 할 사정과 상급지 갈아타기를 통해 자산 재조정 차원을 제외하면 말이다. 부동산에서 인내의 프리미엄은 상상 그 이상이다. 장기적 안목에서 승자가 되는 길은 사 놓은 부동산을 지키는 것이다. 부동산은 장기적으로 우상향 하기 때문에 사고파는 것이 아닌 사서 모으면 된다. 부동산은 나와 같이 나이 들어가는 동반자라 생각하자. 오래 보유하면 결국 자본주의의 승자로 남게 된다.

30
청약만 도전하면
꽝 된다

신규아파트에 청약해 당첨되는 것만한 수익이 없기에 당첨을 로또라고 말한다. 2021년 8월 강남구 개포동 개포8단지 '디에이치 자이' 추가 당첨 5세대에 무려 25만 명이 몰려들었다. 그 중에도 84제곱미터는 12만대 1의 경이로운 경쟁률을 기록하며 청약의 역사를 새로 쓰기도 했다. 지금 청약 시장은 펄펄 끓는 열탕 그 자체다. 청약으로 당첨된 사람을 일컬어 삼대가 덕을 쌓은 결과로 조상 은덕까지 다 동원해 되었다는 농담이 청약 당첨의 행운을 대변해 준다.

청약도 전략이다. 미래에 살고 싶은 집을 상상하며 도전하지만 당

시시한 엄마에서 도도한 엄마되는 부동산 투자

첨이 안 되면 모든 것은 뜬구름일 뿐이다. 최근 몇 년간 청약에서 가장 선호도가 좋은 것은 84제곱미터이다. 다시 이사를 생각하지 않아도 될 만큼 방 3개, 화장실 2개로 설계된 구조이다 보니 인기가 좋은 편이다. 당첨의 주인공이 되고 싶다면 우선 눈높이를 낮추고 현실적으로 접근해 보자. 지금처럼 경쟁률이 높을 때는 일보 후퇴한다는 생각으로 남들이 기피하는, 그러니까 선호도가 낮은 평형이나 타입에 역선택을 하여 당첨 확률을 높이는 것도 하나의 방법이다. 매도시 평균가에서 가격을 조금 낮추면 별 문제가 안 되니, 먼저는 당첨부터 되고 볼 일이다. 청약에도 이처럼 생각 비틀기 작전이 필요하다.

청약만 고집하다가 아무것도 잡지 못하는 경우만큼 큰 손해가 없다. 관점 바꾸기로 접근해 보자는 것이다. 당첨이 되면 좋겠지만, 엄청난 경쟁률을 뚫고 당첨에만 매진하는 것은 너무 무모하고 막연하다는 것 또한 알아야 한다. 공급 세대수를 보면 언제나 당첨될 것 같은 마음이 들지만 당첨자에 내 이름은 없을 확률이 높다. 물리학자 아인슈타인은 "같은 일을 반복하면서 다른 결과가 나오기를 기대하는 것은 무모한 짓"이라 했다. 청약이 딱 그렇다고 생각한다. 청약은 확률 게임이고, 가능성이 희박한데 같은 방법으로만 내 집 마련을 하겠다는 것은 생각해 볼 문제다. 방법을 바꾸어 기존 매물에도 눈을 돌려야 한다.

가점제와 추첨제를 살펴 가능성이 없다고 생각되면 집값이 너 멀리 도망가기 전 과감히 내 집 마련에 도전해야 한다. 부동산 가격이 폭등하며 모두의 관심사가 된 청약은 갈수록 높은 경쟁률을 확인할 뿐, 올라가는 집값을 잡는 방법은 오늘 매수하는 것 외는 달리 방법이 없다. 상담을 하면 언제 집을 사면 좋으냐는 질문을 제일 많이 받는다. 그럴 때 나의 대답은 항상 '지금'이다. "오늘이 가장 젊다"는 유행가 노랫말이 있는데, 부동산 값도 오늘이 가장 저렴하다. 큰 변수가 없는 한 거의 그렇다. 아직도 여전히 청약만 도전하는 분은 생각의 유연성을 발휘해 보기 바란다. 포기도 때로는 용기다. 낮은 점수로 청약에 매달리지 말고, 내 집 마련을 해야 한다.

최근 상담에서는 "앞으로 부동산 가격이 빠진다는데 그래도 사야 하느냐?"는 질문이 대다수다. 그동안 가파르게 올랐으니 집을 소유한 사람도 상승 피로감을 느낄 정도로 달린 것은 사실이다. 하지만 묻겠다. 8억이 오르고 2억이 조정되면 과연 집값이 하락한 것인가? 비틀어 보면, 6억이 올랐다는 말이다. 시장을 크게 보라고 조언하는 것이 이런 의미 때문이다. 무주택자는 '매수'하는 선택지 외 다른 방법이 별로 없어 보인다. 임차권은 위험하다. 자산은 '소유권'이라 생각하

자. 혹시 아직도 더 떨어지면 그때 사겠다고 고민하고 있는가? 매물이 있고, 자금이 된다면 그때가 타이밍이다!

안 사고 버린 매물 생각은 머리에서 지우자. 지나간 것은 빨리 잊을수록 좋다. 잡념이 많으면 진짜 생각을 못하게 된다. 생각하는 능력은 머리가 가볍고 맑을 때 번득이는 것이다.

수원에 거주하는 한 고객이 신도시로 이주하고 싶어 청약 의논차 나를 찾아왔다. 그동안 신규공급 공고에 관심을 갖고 여러 곳을 청약해본 유경험자였다. 같은 동네 살던 지인이 광교신도시 J아파트에 당첨된 이후, 청약에 더 집착하는 모습이다. 언젠가 당첨이 될 것이라는 희망에 부풀어 분양 계약금 10% 정도는 항상 준비된 상태이며 당첨되는 일만 남았는데 당첨은 아직도 그녀의 편이 아니다.

2019년에 입주한 친구의 아파트가 훨훨 날아가는 동안 청약만 노리다 자산 업그레이드를 못한 상태라 조급함이 많이 묻어났다. 당첨만 기다리지 말고 방향을 전환해 보자고 권해 보았으나, 아직도 언제 뜰지 모를 무지개를 계속해서 기다려 보겠다고 한다. 지난번 청약에 떨어지고 난 후 권해드린 물건이 저만큼 도망간 이야기를 해주어도 떨어진 옛 분양가를 생각해 돈이 아까워 아무것도 못하는 소심한 부린이를 어찌하면 좋은가?

통화량이 일으키는 집값이 꼭 무지개 같다는 생각이 든다. 김동인의 소설 「무지개」에 나오는 소년처럼 잡힐 것 같아 손을 뻗어 보지만 결코 잡히지 않고 달려가면 또 저만큼 도망가는 무지개. 지금 집값이 꼭 그렇다. 야속한 집값이다. 오늘 사자!

• • •

부동산 투자에는 이론과 통계 속에 잡히는 않는

현장에만 있는 메시지들이 분명 있다.

눈에 보이는 것이 절대로 다가 아니다.

정말 중요한 것은 인터넷에 나오지 않는다.

Part 6

부동산 투자에
실패하는 이유

31

열심히 일한 당신,
달랑 집 한 채!

정규직 일자리를 찾는 것이 하늘의 별따기가 된 세상이다. 누구에게는 안정된 일자리와 보장된 연봉이 꿈이고 부러움의 대상이다. 세상은 변화를 시작했고, 거대한 물줄기는 역사의 방향을 바꾸는 중이다. 생업의 문제는 그저 열심히 일하는 것 외 다른 방법이 없어 보인다. 코멘트가 필요 없을 정도로 직장이나 사업을 통해 그저 성실히 일해 왔는데, 문제는 일에만 몰입하다 세상의 변화를 놓쳐 더 큰 기회비용을 잃는 경우가 많다.

열심히 일한 당신에 포함되는 사람들을 만나 상담을 하다 보면 생각보다 아닐 때가 많다. 고객들의 업무량에 대한 것은 차치하고, 대부분 안정적이라는 프레임에 갇혀 세상이 바뀌는 결을 알아차리지 못하거나 든든한 직장이 있다는 안도감에 변화할 필요성을 못 느끼거나 귀찮아한다는 것이다.

"여기가 좋사오니"에 갇힌 사고로 바빠서 시간이 없다는 말을 달고 산다. 하지만 시간의 안배는 주관적인 것이다. 생각을 바꾸면 하루에도 많은 것을 해낼 수 있는 능력을 갖고 있다는 것을 알았으면 좋겠다. 인지도 있는 직장에 장기 근속한 분들일수록 안전지향형이 많은 편이고, 익숙함에 젖어 변화를 두려워하거나 싫어한다는 공통점이 발견된다. 현재의 든든한 직장으로 맞벌이나 생존위기를 느끼는 절실함이 적다 보니 투자에 대한 필요성이 낮고 호기심이 적다.

현재 사회적으로 주가가 높은 것은 본인의 위대함이 아니라 본인이 몸담은 기관의 로고나 소속감을 보고 가치평가를 해주는 것임을 모르는가. 모 대기업 임원으로 30여 년을 근무하고 퇴직한 유경험자의 생생한 증언이 뼈를 때린다. 그동안 바빠 못했는데 퇴직하면 밥 먹자, 연락하자며 인사하던 그 많은 인맥과 약속들이 어느 순간 다 정리되고 멀어졌다는 것이다. 그가 존재감의 혼돈으로 고백한 말은 퇴직을 하고 보니 자기가 '사회적 사망'을 선고받은 기분이라고 했다.

직장에서 일만 하느라 변하는 세상에 본인이 할 수 있는 일이 딱히 없다는 것을 깨달았을 때는 세월이 야속할 뿐이다. 일반 직장인들의 삶도 별반 다르지 않을 것이다. 그래서 본인과 같은 전철을 밟지 말라는 의미로 그는 최근 책도 쓰고 강의도 하며 아들에게 주문한다. "너는 절대 직장에 다니지 마라"고. 시스템에 갇혀 종처럼 살지 말고 스스의 존재감을 터치해 "너의 일을 하라"는 것이다.

급여를 주로 저축에 의존하는 안전 지향의 그들 대부분은 자가 주택 보유자로 깔고 앉은 집을 종신보험처럼 생각하고 정년 이후를 위해 다른 대안을 별로 생각하지 않는 용감함(?)이 있다. 하지만 정년은 반드시 오고, 튼튼한 동아줄은 언젠가 끊어지게 되어 있다. 현재의 안락함은 마약과 같다. "다음에 다음에, 이따가 이따가"를 연발하며, 평온하게 살아온 그들에게도 노년은 화살처럼 빠르게 온다.

이런 분이 기댈 곳은 오로지 현직 때 적립해 둔 연금이다. 그래서 연금의 소멸이나 축소에 대한 염려만 한다. 현직 때 받았던 높은 연봉과 레버리지를 이용해 부동산에 투자했더라면? 열심히 일한 당신들 대부분이 이런 범주에 들어간다. 자산 증가의 기회를 안일함에 갇혀 무관심했던 것은 본인의 몫이다.

위기의식을 빨리 갖는 사람일수록 불확실한 미래에 대한 대비의 필요성을 더 느낀다. 현재 든든한 정규직들을 가만히 들여다보면, 현금성 자산이 좀 더 많은 정도이지 따로 투자를 잘해 둔 사람은 많지 않다. 퇴직 이후 돈이 나오는 시스템을 만들지 못한 사람들이라는 것이다. 간혹 명예퇴직금이란 명목으로 몇 억의 목돈을 보장받고 퇴직하면 새로운 일에 대한 안목이 부족한 경우가 많아 거친 세상에 희생양이 되는 경우도 의외로 많다.

대부분이 젊고 유능한 상태로 첫 직장의 퇴직을 맞이하며, 그 후로 인생 정년까지는 꽤 긴 시간이 기다리고 있다는 것이 문제점이다. 일을 위한 도전이든 생존을 위한 도전이든 문제는 뭔가를 또다시 시작하는 출발선상에 서게 된다. 통계상 첫 번째 직장보다는 두 번째 직장의 성공률이 떨어지는 만큼 현실은 내 편이 아닌 경우가 많음을 명심하자. 우리는 뉴스를 통해 노후에 새로 시작한 사업이나 잘못된 투자로 크게 실패하여 노후자금을 다 날리고, 곤란을 겪는 사람에 대한 이야기를 많이 듣지 않았는가. 빚 없이 지킨 실거주 집 하나 평생 든든한 보험인데, 자칫 그마저도 위험할 수 있다는 경각심을 가져야 한다.

퇴직 후 남은 달랑 집 한 채는 기본 사이즈다. 기본을 넘어서야 한다. 1차 직장의 정년이 오기 전에 투자를 해두어야 변동성에 대비를 할 수 있다. 현직의 안락함에 취해 집 한 채로 만족하다 보면 정작 목돈이 필요할 때 돈 때문에 집을 줄이거나 하급지로 이사를 해야 할 경우도 생길 수 있다. 노후가 길어진 현실에서 '살아 있다는 것'의 다른 버전은 '비용'이라는 말이다. 비용을 충당할 자금이 어디서 나오겠는가? 고민해 본 적이 있는가? 없다면, 열심히 일한 죄(?)밖에 없다. 이제는 노후가 긴 만큼, 옆도 뒤도 돌아보아야 '달랑 집 한 채'라도 지킬 능력이 생긴다. 현재의 직장 프리미엄이 있을 때 기회를 만들어 급여만큼 나오는 제도적 안정장치를 위해 공부하며 준비해야만 내 가정을 위험으로부터 지켜낼 수 있지 않겠는가?

수명이 늘어났으니 기존의 질서를 재편성하지 않으면 노후가 흔들릴 수밖에 없다. '노노 케어'라는 단어는 앞 전 시대에는 없는 단어였다. 부모님의 수명이 90을 바라보면 그 자녀는 70이라는 것이다. 노인이 노인을 부양하는 문화를 우리는 처음 만나는 것이다. 결국은 부양도 돈이고 장수도 돈이라는 것이다. 자산을 키울 수 있는 시기는 '현역' 때가 적기다. 달랑 집 한 채로 안도하지 말고 열심히 일한 보상으로 플랜B를 짜 놓아야 적어도 현재의 생활패턴을 어느 정도 유지할 수 있다.

퇴직한 사람이 가장 후회하는 것은 현직에 있을 때 아무것도 알려고 하지 않고 너무 바보같이 살았다는 것이다. 막상 퇴직 후 수입 없이 지출만 하니 돈이 두 배로 소진되는 것을 알 때는 이미 늦은 것이다. 소득 없이 소비만 일어나는 것은 브레이크 없는 기차가 내리막을 향해 달리는 격이다. 현역일 때 자산을 적극적으로 늘려 나가야 한다. 그것도 방사적으로 범위를 넓혀 키워 나가야 한다. 시간에 맡기면 투자한 대상들에서 전체적 총합이 커지는 효과가 가시권에 들어온다는 것을 기억하자. 관심은 곧 기회이다. 관심을 갖자! 그냥 있는 것은 없다! Don't just do it!

⌃
32
벼락거지가 된
맞벌이 부부

곳간이 비면 다툼이 잦다는 말에 이견은 없다. 먹고 사는 문제가 삶의 중심에 있기 때문이다. 의식주를 벗어난 인간의 활동이 있겠는가. 모양과 방법의 차이는 있을지라도 생존의 고민은 결국 곳간 문제로 연결된다. 부동산과 관련된 부(富)의 편중 현상 안에는 상대적 박탈감에서 오는 남 탓 심리가 깊게 자리해 있는 것을 보게 된다. 상대적 상실감에서 오는 아픔의 방어 기제일 것이다.

곳간이 비어 다툼으로 이어진 2019년에 있었던 40대 중반의 한 가정 이야기다. 남편의 회사 승진을 위한 자기계발 차원의 대학원 진학을 할 것인가, 아니면 승진은 포기하고 아파트를 매수할 것인가 하는 갈등 중에 부부가 선택한 것은 미래를 위해 남편의 대학원 진학을 선택했다. 내 집 마련을 잠시 미루고 남편의 뒷바라지를 선택한 결과는 결국 아내의 눈물로 돌아왔다. 잠시 보류시켜 놓은 집값이 천정부지로 올라버린 것이다. 호가는 신고가로 바뀌고 너도나도 부동산 투자에 열을 올리는 형국을 보았지만 자금 문제로 여윳돈이 없었던 부부는 오르는 장을 지켜만 볼 수밖에 없었다. 결국 부부는 함께 선택했지만 자신들의 선택이 후회스러웠다. 하고 싶었던 공부가 기회의 상실로 이어지고 만 것이다.

2021년 봄에 부부가 다시 나를 찾아왔다. 부부는 자리에 앉자마자 이제 어떡하냐며 넋두리를 쏟아냈다. 그동안 큰 다툼 없이 지내 온 부부는 상대적 피해자(?)가 되어 패배감에 절어 있었다. 사회적으로 엘리트 부부이고, 두 자녀가 있는 그야말로 일과 공부, 일과 가정생활을 '열심히' 하는 연봉이 보장되는 직업군에 있는데, 단지 폭등하는 장세에 '실물자산을 갖고 있지 않았다는 것', 그것 하나가 이런 결과를 만든 것이다.

남편의 미래를 위해 학업을 선택한 결과가 '벼락거지'가 된 셈이니 그저 안타까울 뿐이었다. 사실 벼락거지라는 말을 입에 담기도 조심

스럽다. 이들이 잠시 매수를 보류한 사이 급여로는 집값을 도저히 따라갈 수 없을 정도로 큰 간극이 생겼으니, 무주택자가 느낄 허탈감을 어떻게 이해할 수 있겠는가.

대한민국 사람들 중 열심히 안 살아온 사람 찾기 힘들다는 말이 있다. 그렇다. 우리는 '열심히' 앞에 누구든 할 말이 많을 것이다. 숨차게 달려온 만큼 개인의 압축된 이야기는 찰지고 밀도가 높다. 지금도 세대를 가릴 것 없이 열심히 살아가고 있지 않은가. 자본주의가 남긴 잔인한 상대적 비교는 자본계급으로 이어져 우리 사회는 지금 계층간 골이 점점 깊어지고 있다. 각자 열심히 자기 일을 하지만 자본과 상관없는 '열심히'는 사람을 허탈하게 만들고 심지어 인정을 못 받기도 한다.

인간의 노동가치가 화폐가 일으키는 화학작용을 도저히 따라갈 수 없는 구조에서는 내가 구조 안으로 들어가는 수밖에 없다. 그것이 살길이기 때문이다. '사람은 무엇으로 사는가?' 하는 철학적 질문을 던져 본다. 근사한 대답을 하면 더 멋있겠지만 분위기를 깨는 현실적인 답을 던지겠다. 사람은 돈으로 산다.

사회구조나 경제 시스템이 내 마음에 맞지 않는다고 목이 터져라 외쳐도 구조를 바꾸긴 결코 쉽지 않고 거의 불가능하지 않은가. 유구한 시간을 살아오며 사람들이 만든 생산물이 현재의 구조로 자리매김되었기 때문에, 바꿀 수 없다면 구조 속에서 생존하는 과제만 나의 몫인 것이다. 사회경제 구조 속에는 나름의 질서가 녹아 있기 때문에 대중 속의 개인은 언제나 역부족을 인정할 뿐이다.

이번엔 내 집이 있었다가 중년에 집을 날린 사람의 이야기다. 사업체를 운영하다 파산으로 인해 이사한 고객이 아직도 기억 속에 생생하다. 처음 우리 사무실에 올 때 내민 명함에는 모 기업체의 대표였던 것으로 기억한다. 34평 신규로 입주하는 아파트에 월세로 계약을 한 세입자였다. 입주하는 곳이 신도시라 임대할 매물이 한꺼번에 쏟아진 관계로 월세 보증금 일천만 원으로도 계약이 가능한 아파트가 있었다. 언제나처럼 이사 당일 부동산에서 잔금 절차를 밟아 정상 이사를 진행하는 데까지는 별 탈이 없었다.

몇 개월이 흘러 집주인으로부터 전화가 왔다. 월세가 첫 달에만 들어오고 그 후로는 계속 연체라는 것이 아닌가! 보증금이 일천만 원으로 낮아 내내 신경이 쓰였는데, 월세가 몇 개월째 연체 중이라니 뒷일이 걱정되어 주인에게 현실적 코칭을 해 주었다. 우여곡절 끝에 그 대표는 보증금이 소진될 정도만 살고 다시 이사를 나가는 것으로 결론지었다.

주인에게 세입자의 사정을 전해 듣고 보니 참 딱하긴 했다. 회사가 부도를 맞아 길에 나앉을 형편이 되어, 겨우 보증금 일천으로 갈 곳이 그나마 있어 다행이었다고 했다는 것이다. 월세를 제때 납부하지 않아 잠시 오해를 하기도 했지만, 알고 보니 곳간이 거덜나 불행을 맞은 대표적인 사례였다.

그동안 큰집에서 잘 살았는데 갈 곳을 잃으니 고급진 살림은 그야말로 골칫거리가 되었고, 잔금 전 시설물 체크를 하다 보니 주방의 두꺼운 창이 와장창 깨져 있는 것이 보였다. 부부싸움으로 훼손된 것으로 추정되었다. 그 또한 배상을 했지만 이 집에서 많이도 다투고 서로 힘들었을 생각이 자꾸만 떠올랐다. 보관해 두었던 고객의 명함을 꺼내 보며 많은 생각을 하게 한 사건이었다.

가정의 평화를 지키고 화목함을 이어주는 것은 가족 간의 사랑이 맞지만, 그 사랑도 곳간이 비면 보장받을 수 없는 허상이 될 수 있다는 것을 목격한 것이다. 첫 단추를 '내 집 마련'에 초점을 맞추어야 한다는 당위성을 강조해 본다. 내가 할 수 있는 범위에서 내 집부터 사놓고 시류를 타자. 순서를 바꾸지 말자. 다시 강조하지만 내 집 마련은 필수사항이고 집은 생필품이다.

내 집은 반드시 있어야 하고 임차권이 아닌 소유권을 갖고 있어야

함을 한 번 더 강조한다. 집값이 떨어질 것 같은 나의 신념(?)은 일반화가 아니라는 것이다. 시장은 느낌이 아니라 실제다. 가격은 정직하다는 말이 있다. 즉 그만한 물건에 그만큼의 가격이 매겨진다는 의미일 것이다. 비싸다고 불평할 시간에 물건 검색하고 임장 다니는 편이 훨씬 현명한 선택이다. 시장 동향에 민첩해야 내 것이 생긴다. 소유권이 없어 가정과 개인이 위험에 노출되는 일은 적어도 막아야 한다.

　나이가 들어가며 곳간이 비어 대인기피에 빠지고, 종국에는 아무도 없는 깊은 골방으로 숨어들어 만날 수 없는 사람이 현실에서 얼마나 많은지 모른다. 최소한의 도전부터 시작해 한 계단씩 올라가 보자. 내가 말하는 최소한이 바로 '내 집 마련'이다.

33

기획부동산에 낚인
엘리트 회사원

"사장님, 좋은 땅 있는데 안 사세요?"

이런 전화를 한 번씩은 받아본 기억들이 있을 것이다. 기획부동산 전화다. 누가 당하나 싶지만 실제로 그럴 듯한 명분으로 무장해서 덤비는 전문가(?)에게 넘어가는 사람이 상당히 많다. 아직도 버젓이 기획부동산이 판을 치는 것은 사냥감이 잡힌다는 반증일 것이다. 듣자하니 그들은 하루 100통의 전화를 걸어 한 명 건져 계약하면 대박이라고 한다. 어처구니없지만 모르면 당하고, 알아차릴 때는 늦다는 것이다. 사기의 상흔은 오래 남는 법이다. 홀린다고 하지 않는가. 홀려서 한 의사결정 뒤에는 책임이 따르고, 귀 얇은 대가로 다툼과 가정이 깨지는 경우도 많다.

이들은 바보들이 아니다. 무작정 접근하는 것이 아니라 철저히 계획하고 경우의 수를 짜놓는다. 정부의 정책을 꼼꼼히 공부해 정책과 해당 토지를 온갖 시나리오로 연결시켜, 머지않아 발표될 사업계획이 돈이 될 것이라는 달콤한 유혹과 먹잇감을 던지며 상대를 설득해 나간다. 아주 엉뚱한 토지가 아니라 그럴 듯한 개발계획을 거들먹거리며 토지 보상을 받거나 지가 상승이 높을 것이라며 귀를 솔깃하게 한다. 그들이 만든 자료는 과거에 언론에 보도된 적이 있거나 실행 가능성 없는 선거용 발표나 홍보성 기사 등 땅을 팔기 위한 검증되지 않는 것들이다. 그것을 끌어다 한 편의 소설을 쓰는 것이다.

2021년 10월 경찰 추산 피해자만 3,000명, 피해액은 2,500억 원대에 이르는 기획부동산 사기 사건이 보도되었다. 토지를 4억 원에 매입해 3개월 만에 11억 원에 판매할 정도로 폭리를 취했고, 피해를 입은 사람 중엔 일반인은 물론 유명 연예인까지 있었다. 교묘한 것은 일반인은 일반인이, 유명인은 유명인을 내세워 접근한다는 것이다. 왜 기획부동산이겠는가. 상대의 돈을 뺏기 위해 치밀하게 기획하여 일 대 일 맞춤 인맥이나 수법으로 접근하는 것이다. 유명인이나 권위 있는 사람을 들먹이며 무장해제하여 밑밥을 깔고 난 후, 확실치 않은 정보로 개발 계획이 있다며 속여서 시세차익 운운하는 사이 마음을 빼앗아간다. 정말 들어보면 그럴 듯하고 마치 설명대로 될 것처럼 착각을 일으킬 정도로 이미지가 그려진다.

누구나 알 만한 대기업 사원인 K씨 이야기다. K씨에게는 너무나 창피하고 속상할 비하인드 스토리라 당사자를 위해 K씨로 표현한다. 그는 충남 당진시에 있는 토지라고 듣고 주변의 화려한 개발 계획을 그럴 듯하게 설명하기에 직접 강남에 있는 사무실로 갔다. 관계자의 브리핑을 듣고 보니 땅값이 오를 것 같은 생각이 들었다. 결정적인 것은 가격이 비싸지 않아 가벼운 마음으로 노후자금으로 생각하고 계약을 했다.

대기업에 다니지만 토지의 권리 관계까지는 깊게 몰랐다는 K씨는 몇 가지 관계 서류를 확인하는 선에서 계약을 했다. 기획부동산들의 특징은 고액이면 매수를 쉽게 결정 못 한다는 심리를 이용해 덩어리 토지를 평당 10만 원~30만 원 내외로 목돈 2억 원 이하의 크기로 칼질을 하는 편이다. 얼마나 교묘한 술수인지 혀를 내두를 정도다. 이런 기획부동산에 낚인 피해자들의 대답은 대부분 "잘 몰랐다"는 것이다. 항상 사기를 당하고 나서야 제정신으로 돌아온다는 것이 문제인데 그

시시한 엄마에서 도도한 엄마되는 부동산 투자

땐 이미 상당한 피해를 입은 후다.

이들의 방법은 보통 이렇다. 임야나 토지를 덩어리로 싸게 원주민에게서 사서 개인이 쉽게 계약할 수 있는 크기로 소위 칼질(?), 즉 작게 쪼갠다는 것이다. 수십, 수백 개로 나눈 다음 심리전을 이용한다. 토지분할을 통해 개인등기는 해주지만, 문제는 등기부에는 거의 지분 공유로 되어 있다. 소유자 갑, 을, 병, 정, 무……

한 물권에 일면식도 없는 다른 사람과 동일 재산에 공유자로 등재되어 있다니 얼마나 황당한가. 우리 민법 제264조에는 "공유자는 다른 공유자의 동의 없이 공유물을 처분하거나 변경하지 못한다"고 명시하고 있다. 공유지분의 처분은 자유로우나 공유물(共有物)을 처분하려면 공유자 전원의 동의가 있을 때만 가능하다고 나와 있다. 즉, 내가 샀지만 내 맘대로 자유롭게 매도할 수 없다는 뜻이 된다. K씨가 지분 처분과 물건 처분이 다르다는 것을 알았다면 기획부동산에게 당하지 않았을 것이다.

이런 사실도 보통은 보유 중에는 모르다가 자금이 필요해 매도를 하려고 할 때 알게 되는 경우가 많다. 고객을 가스라이팅 하듯 상대의 허점을 노려 재산을 털어가는 조직적인 꾼들이 바로 기획부동산들이다.

돈은 나갈 때는 쉽지만 내게 다시 돌아오기까지는 만만치 않다. 그

과정에는 많은 시간과 사연들이 숨어 있다. 이런 경우는 회복이 불가능한 매몰비용으로 버리는 돈이다. 모르는 것을 투자한 것이 원인이고, 공부의 부재 탓이다. 돈을 얻기까지 피땀을 흘린 피 같은 돈은 버는 것도 어렵지만 지키는 것도 어렵다.

나를 놀라게 하는 것은 이런 사람들이 의외로 많다는 것이다. 과거에 산 매물 때문에 상담하러 오는 사람을 보면 직업군도 다양하다. 꽤나 판단력이 있을 것 같은 직업도 가끔 있다. 속아서 샀다며 팔아달라고 자신감 없게 접수는 하고 가지만, 그동안 그가 고민한 무형의 시간은 보상받을 수가 없다. 귀가 얇으면 타인에게 의존하게 된다. 설명하는 사람에 따라 대상이 좋아 보일 수 있고, 큰돈을 벌 것 같은 착시에 쉽게 빠진다.

지금도 기획부동산들은 강남 중심가 화려한 빌딩 숲 어딘가에 번듯한 사무실을 차려놓고 한번 나와서 설명 들어보라고 우리를 손짓하고 있다. 유혹에 넘어가는 것의 반은 본인이 원인이다. '개발 계획이 있는 땅'이 있다는 말에 누구나 넘어가진 않으니까 말이다. 공부를 통해 실력을 키우는 것이 최선의 방어책이다. 넘쳐나는 정보와 홍보에 진(眞)과 가(假)를 가릴 수 있는 여과 능력을 키워나가야 한다. 사람도 거르고 정보도 걸러낼 수 있어야 돈을 지켜낼 수 있다.

^
34
물려줘도 못 지키는
허당 자녀

모 기업의 대표는 큰 자산가다. 평생 일군 회사와 가정은 현재 누구나 부러워할 만한 경제 규모를 자랑한다. 기업의 유동자산으로 대표를 가까이에서 만날 기회가 가끔 있는 나는 그 대표를 볼 때마다 느끼는 게 많다. 최근 몇 년 전부터 이 대표에게 고민이 생겼다. 본인의 사후를 걱정하며 재산 분배와 회사 경영에 대해 깊은 고민이 시작되었는데 뾰족한 답이 없다는 것이었다.

듣자 하니 아들이 한 명 있는데, 물질의 풍요 속에서 자라 세상 질서에 아둔하다는 것이다. 알짜 회사를 대를 이어 키우고 싶은데 대표의 아들은 현재의 부를 물려주어도 감당할 그릇이 못 된다고 걱정이 이만저만 아니었다. 키우는 것도 결코 쉽지 않지만 지키는 것이 얼마나 큰 고민이고 현실인지를 알게 되었다. 지금부터 하나씩 단계적으로 교육시킨다는데 30대 후반이니 적지 않은 나이다. 나로선 부디 대표의 부가 견고히 지켜지기를 바랄 뿐이다.

우리 주변에 이런 걱정을 하는 사람들이 생각보다 많다. 돈은 힘을 요구한다. 지킬 수 있는 힘 말이다. 돈에 나의 땀과 이야기가 담겨야 비로소 내 돈이다. 큰돈이 어느 날 내게 안긴다고 해도 나의 땀과 상관없는 돈은 가벼워 내게서 빠져나간다. 즉, 돈에 힘이 없어서 다 날아간다는 것이다.

"부자 삼대 못 간다"는 말의 실상을 나는 종종 듣기도 하고 많이 보는 편이다. 현실이나 드라마에서 할아버지나 아버지가 가산을 탕진하거나 사업이 어려워져 넘어진 이야기는 거의 빠지지 않는 플롯이다. 한때 가세가 늘어나 잘살던 사람들이 물려준 재산을 지켜내지 못하여 고생하는 줄거리 말이다. '창업보다 수성(守城)'이 더 어렵다는 말의 의미가 묵직하게 다가온다. 윗대에서 일군 재산이 사상누각이 되지 않으려면 손자의 그릇을 단단히 키우는 게 혜안이다. 물려 줄 것이 많을수록 지킬 만한 능력 계발은 필수이다. 허당 자녀에게 물려 준 돈과 재산은 열쇠 없는 곳간에 쌓아둔 보물에 지나지 않는다는 것을 명심하자.

물려준 재산을 못 지키는 약체 후손들이 생각보다 많다. 삶은 자기 책임으로 세상과 맞붙어 한판 승부를 낼 정도의 역량을 기본적으로 필요로 한다. 그러나 역량은 어느 날 갑자기 생기는 것이 아니다. 공부와 경험을 통해 내재적으로 쌓아가는 면역력인 것이다.

2021년 주택분에 대한 징벌적 종합부동산세로 인해 11월 마지막 주는 세금관련 뉴스가 쏟아진다. 눈여겨 본 것은 27세의 젊은 청년이 아버지의 사망으로 받게 된 여러 부동산에서 부과된 종합부동산세가 이억일천만 원이 나왔다는 내용이었다. 인터뷰를 보니 자기는 납부할 돈도 없고, 알지도 못하며 아버지 재산을 어찌 감당하고 관리해야 할지 모르겠고, 아무 준비 없이 당한(?) 것이라는 것이다. '이런 상황의 징벌적 세금부과가 정당한 것인가를 말하고 싶었던 것 같다. 댓글은 절대로 온정적이지 않았다.

"20대에 세금이 이억일천만 원이면 재산이 얼마라는 거야?"

"세금을 내더라도 나도 저런 아버지가 있었으면 좋겠다."

"부자 걱정 해주는 거냐?"

그럴 수 있겠다고 들었지만 한편으로는 '저런 상황이 나에게 닥친다면? 평소에 가족끼리 재산에 대한 관리와 처분, 보유에 대화가 많지 않았구나! 비단 저 집만 그럴까?' 하고 생각해 보았다. 우리는 가족이지만 정작 중요한 것은 뒷전으로 미루고 살아가는 것 아닌가 하는 생각이 들었다. 일반 가정의 부모들이 놓치기 쉬운 것이 이번 뉴스에 그대로 나타난 것은 아닐까. 부모들 눈에 자녀들이 마냥 어려 보여 내역을 공개한 적이 없거나 자산을 관리하는 방법을 가르쳐주지 않은 아쉬움이 그대로 드러난 것이다.

자녀들이 성장하는 지금의 환경은 부모 때와는 완전히 달라졌다는 것을 먼저 인정하자. 그들은 정보를 흡수하는 속도가 매우 빠르다. 정보를 응용 재생산하는 멀티 세대들이 바로 지금의 2030자녀들이다. 부모세대를 지적(知的)으로 훨씬 뛰어넘는 자녀들에게 부자가 되었거나 되어 본 적이 없는 부모들이 경제 공부를 시킨다며 시작한 것이 '돈 아껴 쓰라'는 잔소리다. 자녀들과 기회를 만들어 부자의 역할이나 자산을 지키는 방법 등 '자산을 주제로 하는 대화'가 이어지길 바란다.

최근 부동산 양도세가 최고 세율 82.5%까지 중과되며, 직계비속에게 증여하는 문화가 많아졌다. 심지어 갓난아기에게 증여세를 납부하고 강남의 집을 물려주는 뉴스가 있을 정도다. 누대를 걸쳐 부(富)가 이

전되며 자녀들의 경제 교육도 같이 병행하는 현명한 부모들도 점점 더 늘어나는 추세다. 실제 자기 명의로 주식이나 부동산이 있는 자녀들이 경제에 관심이 더 있는 것이 확인되고, 금리와 대출에 대한 이해가 빠른 편이라 자산이 있으니 자기 것이라는 애착이 생겨 경제 공부를 더 하려는 면이 보인다.

물려준 재산을 남에게 뺏기거나 잃지 않으려면 자녀의 경제 근육을 지속적으로 키워나가는 수밖에 다른 방법이 없다. 부모의 재산을 자식이 몰라야 좋다는 막연한 생각보다는 오픈해서 재산에 이름을 붙여 주거나 재산의 형성 과정을 자녀들과 공유하며, 부모의 땀과 희생을 연결시켜 재산의 가치를 알게 해주는 편이 더 낫다. "돈을 모르면 가난해진다"는 구조를 설명해 주고 재산을 지키는 방법을 일러 주는 것이 '사후약방문'을 예방하는 방법이다. 모두가 아는 말 다시 한 번 하겠다. 세상에 쉬운 것은 없다!

돈을 스스로 벌어 본 사람은 돈을 키우고 지켜내려는 에너지가 강하다. 재산 지킴이의 마인드는 보초병 정신, 군인정신 다 동원해야 가능하다. 멋진 성을 지키는 것은 잘 훈련된 보초병의 몫이다. 성 안이 아무리 화려하고 견고할지라도 입구를 지키는 보초병이 졸거나 딴 곳에 마음이 가 있다면 성을 수호할 수 있겠는가. 투철한 주인의식을 가져야 돈도 지켜낼 수 있다. 세상에는 나의 돈을 노리는 수많은 세력들이 있다는 것을 아는 것이 출발점이다. 애써 이룬 자산과 자본을 지키는 경계태세가 무너지면 내 돈은 노리는 자의 몫이 될 수밖에 없다.

35

남편이 반대한
원망의 부동산

한 TV 프로그램에 나온 "할머니와 할아버지는 무슨 사이인가?"라는 질문에 "웬수"라고 답했다는 웃지 못할 이야기가 있다. 정답은 '부부'였지만, 생각이 다른 두 사람이 각을 세워 평생을 부딪히고 깎이며 노년에 내린 결론은 '원수 같은 존재'라는 것이다. 모두가 박장대소를 했다. 지금까지도 이 이야기가 회자되고 있는 것을 보면 할머니가 하신 대답이 일반적인 우리네 가정생활과 부부생활을 보여준 실질적 정답이기 때문은 아닐까.

우리 부동산을 방문하는 고객층은 주로 여성들이 많지만 가끔 부부가 함께 내방할 때도 있다. 주로 큰 결정을 앞두고 있거나 아내가 남편을 설득하다 지친 상태에서 같은 편이 필요한 것이다. 부동산을 보는 관점까지도 어떻게 저렇게 안 맞을 수가 있는지, 정말 남편은 남의 편이거나 적군이 아닌가 할 정도로 이런 부부들을 실무에서 많이 만난다.

단골손님 중 A는 경제적 안정을 어느 정도 이루어 따뜻한 노후가 준비되어 있는 반면, B는 매번 매수를 목전에 두고도 "잘못되면 어떡하려고 겁 없이 투자 같은 것을 하느냐"는 남편의 반대에 부딪혀 아무것도 하지 않아서 아무 일도 일어나지 않은 사람이다.

"당신은 나의 로또야."

"여보, 그렇게 말해줘서 고마워."

"안 맞아도 안 맞아도 정말 더럽게 안 맞어!"

B는 현재, 주거환경에 큰 변화 없이 구도심에 위치한 빌라에 20여 년째 거주하고 있다. 남편의 완고한 고집으로 적금과 연금만 불입하여 현금성 자산만 가지고 있다. 적금으로 모은 목돈도 제법 있고 투자할 자금도 있다고 말한다. B는 투자클럽에서 강의도 듣고 부동산 투자에 대한 공부를 가끔씩 해 온 사람이라 고지가 어렴풋이 보였을 것인데 전업주부인 본인 혼자 결정할 수 없는 투자 결정에 얼마나 혼자

끙끙거리며 고민했을지 나로선 짐작만 할 뿐이었다.

신도시나 새 집으로 갈아타고 싶은 마음이 매번 좌절될 때마다 부부는 많이도 다퉜을 것이다. 남편이 자기를 말리지만 않았어도 지금 수십억 부자가 되었을 거라는 가정을 토시 하나 안 틀리고 반복하는 B의 말 속에는 기회를 그냥 흘려보낸 것에 대한 후회와 눈과 귀를 닫은 남편에 대한 원망이 고스란히 묻어 있었다. B는 남편이 그렇게 원망스러울 수가 없다고 했다. 한번은 상담 중에 남편이 고집을 부린다며 답답함이 북받쳐오르는지 눈물을 흘렸다. 그 모습에서 불통인 남편과 다투느라 속이 탄 그녀의 마음이 읽혀졌다.

A와 B는 친한 사이라 거의 같이 부동산을 다니며 상담을 받고 물건을 추천받았는데 엄청난 간극이 생기고 말았다.

고객 C의 이야기는 더 속이 쓰리고 허탈하다. C의 남편은 굴지의 대기업에서 높은 연봉에 잘 나가는 직장인으로 대치동 은마아파트에 거주하는 사람이었다. C의 남편이 해외 주재원으로 발령을 받아 살고 있던 은마아파트를 어떻게 처리할 것인지 갈림길에 서서 아내와의 갈등이 시작되었다. C는 언젠가 귀국할 것을 생각해 전세를 놓고 갈 것을 주장했다. 문제는 C의 남편이다. 그는 "아파트로 돈 버는 시대는 끝났다"고 확신하며, 매도를 하고 출국을 하자고 했다. 부부는 팽팽하게 의견대립을 했다. 결국 남편의 주장이 우세하여 팔고 나가기로 결정이 났다.

C의 남편은 고가의 아파트를 받아준 매수가 오히려 고맙다며 아파트를 돈으로 환가시켜 다행이라고 좋아했다. 해외근무하고 돌아오면 아파트 값이 떨어져 있거나 별 차이가 없을 것으로 보고 그때 필요하면 다시 사면 된다고 아내를 설득했던 것이다.

그로부터 수년이 흘러 2013년에 한국으로 발령받아 귀국했다. 부부는 떠나기 전에 살았던 대치동 일대의 아파트를 사려고 집을 물색하다가 청실아파트(지금의 래미안 대치팰리스)를 당시 8억3천만 원에 소개받아 계약하는 일만 남았다. C는 계속 계약하자고 우기고, C의 남편은 역시나 "집값이 이게 말이 되냐?", "앞으로 인구가 줄기 때문에 집으로 돈 버는 시대는 끝났다"는 나름의 논리로 또다시 C를 막아선 것이다. 아, 어찌하오리까! C의 복장 터지는 소리가 들릴 정도다.

떠나기 전 아파트를 매도한 자금 일부와 해외근무로 모인 목돈이 상당히 있는 상태에서 결정만 하면 청실아파트를 살 수 있는데 남편은 부동산을 도무지 믿지 않는 독야청청이었다. C가 계약하자고 목청을 높인 그 청실아파트는 '래미안 대치팰리스'로 재건축되어 현재 시세 38억을 호가하고 있다. C의 촉이 한 번도 틀린 적이 없는데 남편은 기다려 보라며 "곧 떨어진다"는 소리를 지금도 하고 있다고 한다. 다행히 남편은 현재도 여전히 잘나가는 그 직장을 그대로 유지하고는 있지만 퇴직 이후의 플랜은 안개 속이다.

현재 C는 평택의 모 지구에 분양권 1개를 갖고 있는 것이 실물자산의 전부다. 속이 답답하다 못해 새까맣게 탔다며 모처럼 찾아온 C와 쓴 커피잔을 앞에 두고 앉으니 먼저 나오는 것이 한숨이다. '안 산 땅과 안 산 집' 시리즈를 꺼내 놓으며 남편 원망에 시간 가는 줄 몰랐다.

시장이 바뀌는 것을 알지만 부부 의견이 통합되지 않아 결국 포기한 사람들의 눈물과 한숨을 보며 드는 생각은 투자 마인드가 없는 배우자가 투자에 '최대 걸림돌'이라는 것이다. 아내보다 더 모르면서 무조건 반대부터 하는 남편이 많은 것은 사실이다. 반대하는 심리는 아내를 '경제 백치'로 알고 큰돈이 들어가는 부동산 투자를 모르면서 덤빈다고 생각할 수도 있겠고, 어떤 남편은 반대를 위한 반대를 하는 사람도 더러 있다. 어디서부터 꼬인 것인지 모르겠다. 아내가 그냥 하는 말인지, 공부를 한 후 가능성을 갖고 하는 의견인지 남편은 별로 비중 있게 듣는 것 같지 않다는 것이다. 남편이 아내에게 관심이 없는 것인지, 아내 의견에 관심이 없는 것인지는 모르겠으나 아내가 하는 것에 무조건 몽니를 부리니 모양새가 좋게 보이지는 않는다. 요즘 말로 '못났다', 정말 못났다.

아내들도 50%는 항상 내 탓이라고 생각하자. 평소 공부하는 모습과 경제에 대한 관심이 많지 않다가 갑자기 부동산 투자를 해야 한다거나 더 좋은 동네로 이사를 가자고 하면, 남편 입장에서는 '갑자기'가 되는 것은 사실이다. "이렇게 해보면 어떨까?" 하며 목표와 꿈을 정해 평소에 가족들에게 미리 알리고, 목표를 향해 실행하는 모습을 하나씩 쌓아가라는 것이다. 공부로 내공이 쌓이면 말로 하지 않아도 드러나는 날이 온다. 부자가 되기 위해 노력한다는데 누가 반대를 하겠는가. 큰돈이 들어가는 부동산 투자나 갈아타기는 가족들의 합의가 필수다.

부부 중 누가 하는 것이 중요한 것이 아니라 둘 중 잘하는 사람이 하면 되는 것이다. 운 좋게 부부나 가족이 함께 동일 목표를 정한다면 효과는 말할 필요도 없다. 때리면 버틴다고 마치 줄다리기 하는 두 팀이 비슷한 힘의 크기로 팽팽히 힘겨루기를 하듯 2017년부터 부동산 규제정책이 쏟아지며 가격이 폭등하니 뿔난 아내들이 경제 공부를 안 할 수 없게 되었다. 직장생활로 바쁜 남편들에 비해 섬세한 아내들이 필요한 채널을 찾아가며 경제 공부를 제대로 시작한 것이 크게 달라진 풍경이다. 등잔 밑이 어둡다고 가까이에 있어 못 보는 것이 배우자

시시한 엄마에서 도도한 엄마되는 부동산 투자

일 수 있다. 밑줄 그어가며 공부하고 있는 아내가 보석이라는 것을 빨리 인정할수록 가정의 경제성적표는 달라진다. 특히 가정살림을 아내가 주도적으로 하는 가정이라면 아내는 가정경제를 운영하는 키맨이다. 모르면서 반대를 하는 것만큼 어리석고 위험한 것이 없다는 것을 좀 알아주었으면 한다. 남편들이여! 아내의 지혜를 응원하고 믿어주자!

^
36

귀가 얇아
슬픈 사람아

나는 역사 덕후다. 귀가 얇아 슬픈 사람을 생각하니 중국의 위나라 혜왕이 떠오른다. 전국시대는 물리적 영토는 작았지만 인재가 많았던 위나라는 3대 혜왕이 즉위해 있었다. 그는 귀가 얇아 판단에 오류를 내는 데 특화된 어리석은 왕이었다. 적재적소 용인술을 잘만 활용했다면 패권국으로 발전했을 가능성이 거의 확실시 되는 인재풀을 갖고도 어찌할 줄 모르는 일관성 없는 모자람 탓에 자기 자신도 가족도 나라도 못 지킨 것이다.

전국시대는 먹고 먹히는 전쟁으로 치열하게 패권을 다투던 난세가 아니던가. 귀 얇은 왕으로 인해 나라는 점점 거덜나고, 참고 기다려 온 인재들은 서서히 지쳐가며, 나를 알아주는 이웃나라로 한 명씩 한 명씩 떠나기 시작한 것이다 인재가 없는 나라에 무슨 미래가 있겠는 가. 오기, 이회, 선표, 공자의 제자였던 자하, 진나라가 통일제국이 되 는 변법 설계자 상앙까지 그야말로 화려한 인재들은 귀가 얇아 어리 석은 혜왕을 버리고 그렇게 떠나갔다. 반면, 바로 옆 진나라는 주변에 서 몰려든 인재에게 기회를 열어주고 그들이 제안하는 아이디어를 정 책으로 반영시켜 전국을 통일하는 기틀로 삼았다는 것을 우리는 역사 에서 배웠다. 귀가 얇아 결단을 못 내리고 우유부단하게 설왕설래하 는 왕을 위해 오래 기다릴 충신은 없는 것이다.

비단 역사에만 있는 것이 아니다. 우리 주변에도 많다. 귀가 얇은 사람은 '순간의 선택'에 마음을 금방 뺏기고 마는 쉬운 사람이다. 그 럴 듯한 명분과 설명이 곁들여지면 금세 동조하고 넘어간다. 분위기 에 휩싸여 오래 생각하지 않고 빠른 결정을 내린다. 여기서의 빠른 결 정은 평소 공부를 베이스로 내공을 가진 사람이 빠른 결정을 내리는 것과는 전혀 다른 빠름이다.

A, B, C는 사회에서 만나 8년째 알고 지내는 사이다. 세 사람의 말 을 빌리자면 의자매를 맺은 끈끈한 사이인 것이다. 그래서 그들은 정

말이지 일상의 많은 부분을 공유하고, 함께 하는 시간이 많았다.

귀가 얇은 B와 C의 이야기를 하자면 벌써부터 머리가 아파온다. B는 가세가 든든하여 생활에 어려움이 없고, 만사 오케이와 직진을 하는 타입이고, C는 A에게 많은 부분을 의지하고 따르는 순둥순둥한 평범한 사람이다. 일이 터지기 전까진 셋의 친밀도 전선에는 아무 이상이 없었다.

의자매를 맺은 셋은 1/3씩 똑같은 지분으로 판교 대장 지구의 아파트 두 채와 동탄2신도시 상가주택 1채를 공동으로 매입했다. 명의는 편리상 A의 명의로 했다. 그런데 귀가 얇은 B와 C는 자기 명의가 아님에도 믿고 '그냥 알아서 해주겠지' 하고 있었다. 그들의 말처럼 "친하니까!"

부동산 가격이 폭등하며 A의 욕망을 자극했는지 문제는 A가 명의자임을 이용해 B와 C에게 잔금이 기한 내에 납부되지 않아 건설사에서 해지통보가 왔다며, 그럴 듯한 연출로 물건을 유지할 수 없음을 설명하고 가로챈 사건이 터졌다. A와 A의 남편은 처음부터 계획이 있었던 것인지는 알 수 없으나 A의 욕심으로 현재 이들은 법적인 분쟁을 불사할 정도로 법률관계가 꼬이고 꼬여 있다.

문제는 B와 C는 묻지도 따지지도 않고, A를 믿고 A가 그린 그림대

시시한 엄마에서 도도한 엄마되는 부동산 투자

로 따랐으며, 그 일에 대해 궁금해하지도 않고 심지어 잊어버리고 있었다. 계약금으로 들어간 돈이 소멸했는데도 의심 없이 A의 시나리오 대로 받아들이고 말았다. 평소에도 귀가 얇아 크고 작은 손해를 많이 보고 있던 B는 이번에도 역시나 조금의 의심과 확인도 안 한 상태로 그냥 포기한 상태였다.

귀가 얇아 결정도 빠르고 포기도 빠른 B는 나의 단골 고객을 통해 소개받은 사람이다. 항상 일을 저질러 놓고 내게 자랑처럼 결과를 말해 주는 B의 성격을 아는지라, 셋이서 투자한 내용에 대해 중간점검처럼 나는 가끔 물어보곤 했다. B와 상담 중에 몇 가지의 허점을 발견하고 나는 일이 혹시 나쁘게 흘러갈 가능성이 있음을 인지시킨 적이 있다. 역시나 나쁜 예감은 비켜가지 않는 것인지 A의 단독 행위를 염려하며 짚어준 대로 그대로 일이 진행되었다는 것이 확인되었다. A는 처음부터 계획한 듯이 공동투자금을 수령할 때부터 명의자인 A 본인의 계좌가 아닌 A의 남편 계좌로 돈을 송금받았다는 것이다.

이런 사건의 경우, 송금을 누구에게 무슨 명목으로 송금한 것인가는 중요 포인트 중의 하나이다. 투자의향서나 공통투자 확인서를 작성하지 않고 의자매라는 개인적 친목으로 제3자에게 송금한 경우는 소명시 다툼의 여지가 많다. 가로채려는 사람이 돈을 차입한 것에 불과하다고 주장하면 법의 보호를 받기가 여간 어려운 것이 아니다. 마음으로는 A의 행위가 나쁘다는 것을 알지만 법률관계로 문제가 달라질 수도 있다는 것이다. 법은 억울한 약자를 보호해 주는 것이 아니라 자료를 보고 객관적 판단을 내릴 뿐이다.

우리는 살아가며 인간관계와 법률관계를 확실하게 구별해야 한다. 인간관계처럼 법률관계를 두루뭉술하게 생각하여 위의 세 사람처럼 인간관계마저 깨져 버리는 경우가 왕왕 있다. 귀가 얇아 섣부르게 결정한 법률행위가 잘못되면 엄청난 재산상의 손해와 마음고생으로 연결된다.

수많은 경험을 하며 살지만 뼈아픈 경험을 한 사람들 대부분은 얇은 귀 때문일 때가 많다. 대한민국에서 가장 많은 범죄가 사기범죄라고 하지 않는가. 나도 한때 어떤 일로 사기를 당한 경험이 있는데 이루 말로 다 할 수 없는 상흔을 남겼다. 당하고 깨닫기엔 상처와 손해가 너무나 크다. 귀를 두껍게 하는 방법은 역시 공부다. 공부해서 실력을 키우자. 빈틈없는 고수에게 사기가 끼어들 틈은 없다.

시시한 엄마에서 도도한 엄마되는 부동산 투자

37
생각이 너무 많아
아무것도 못하는 영숙 씨

내가 누구인지 고민해 본 적이 있는가? 자기 자신을 가장 잘 아는 것은 본인이 아닐까? '나는 누구? 여긴 어디를?' 외치는 사람은 자기 삶을 자발적으로 살고 있는지 질문해 보아야 할 것이다. 고민으로 답답할 때, 어떤 선택을 할지 스스로에게 묻지 않고 점집이나 주변 사람에게 묻고 다니느라 애쓰는 사람들이 있다. 점쟁이도 직업일 뿐인데, 무슨 대답을 원하는 것일까? 장래 일은 인간의 영역이 아니지 않는가?

나는 나다. 나의 생각은 내가 정리해야 하고, 선택은 나의 고유한 권한이다. 나의 권한을 남에게 가치 없이 던지지 말아야 한다. 선택의 기로에서 타인의 생각을 빌려야 하는 심리는 자기 확신의 부재다. 생각이 많은 영숙 씨는 사방에서 어설프게 들은 것은 많은데 확실하게 아는 것은 없다. 정확하게 모르니 남의 생각을 빌리려 하는 것이다. 시간낭비하지 말고 '공부하라'는 코칭을 해주면 공부 자체를 거부하는 강적이다. 이런 '염려 DNA 보균자'들은 남의 생각을 빌려 결정을 내린 것에 대해 결과가 안 좋으면 다른 사람에게 잘잘못을 돌리는 우(愚)를 범하기도 한다. 종국에는 사람도 잃고, 돈도 잃는 최악의 시나리오를 만든다.

부동산 투자를 하는 사람은 여러 대안을 두고 경우의 수를 시뮬레이션해 볼 것이다. 이때 생각이 너무 많은 사람은 일어나지도 않은 세상 걱정을 미리 당겨서 하면서 결정을 못 내리고 애만 태우다 발길을 돌리는 경우가 많다. 스스로 '결정장애'라고 말하면서 결정하기 전까지 주변 사람들을 피곤하고 헷갈리게 만든다.

생각에 대한 연구 결과에 따르면 걱정 중에서 절대로 일어나지 않을 일이나 사건이 40%, 이미 일어난 사건에 대한 걱정이 30%, 별로 신경 쓸 일 없는 작은 일이 22%, 우리가 절대로 바꿀 수 없는 사건에 대한 걱정이 4%로 결국 96%가 불필요한 걱정이라는 것이다. 우리가 바꿀 수 있는 사건에 대한 걱정은 고작 4%에 불과하다. 자산을 키울

시시한 엄마에서 도도한 엄마되는 부동산 투자

실질적인 고민은 안 하고, 일어나지도 않을 일에 소중한 시간과 좋은 머리를 저당잡혀 산다는 것이 억울하지 않은가?

금리인상에 잠 못 드는 그대, 인구 감소가 걱정되는 그대, 내가 사면 가격 떨어질까 걱정하는 그대, 대규모 공급물량의 공실을 걱정하는 그대, 노령사회로 인한 중대형 집값 하락을 걱정하는 그대여! 염려가 많으면 병이 된다. 염려병에 잠 못 드는 그대여! 나라님이 걱정할 영역까지 확대해 내 걱정으로 끌고 오지 말고 눈앞의 내 문제만 내 것으로 삼자.

모든 것은 연습이다. 수많은 생각들을 정리해 가며 더 좋은 대안, 더 좋은 선택을 도출해 내는 것도 연습의 결과일 것이다. 그래서 연습이 스승이고 실패가 거울인 것이다. 성공은 여러 갈림길에서 선택과 겨루어 이긴 사람들의 몫이다. 작은 성공이 쌓여 더 큰 성공으로 나아가기 마련이니 연습하자. 생각정리하기 연습 말이다. 생각에 생각이 꼬리를 물고 선택을 못하고 있는가? 생각의 범위를 축소시켜 방사적인 잡생각을 털어 버리는 연습부터 해보자.

부동산 투자나 내 집 마련도 결국 선택과 집중이다. 삶의 모든 것은 선택의 결과물이다. 누구는 부자가 되어 있고, 누구는 여전히 빈손이다. 실행력이 없는 사람은 생각이 너무 많다는 게 문제로 지적된다.

뫼비우스의 띠처럼 돌고 돌아도 늘 제자리에 머물러 있는 사람에게 실행력을 기대하긴 어렵다. 생각이 많은 사람의 대답은 거의 '나중에'와 '다음에'를 반복한다. 시간이 흘러 확인해 보면 그때도 여전히 빈손이다.

잡념이 많은 사람은 맡겨진 일을 명료하게 해낼 수가 없다. 명료한 결과는 명료한 생각에서 나오기 때문에 그렇다. 생각이 너무 많은 영숙 씨의 특징은 자기 생각에 갇혀 호경기에는 오른다고 못 사고, 불경기에는 공포감을 누구보다도 크게 느껴 더 떨어지기를 기다리며 세상에 없는 가격이 되기를 기다린다는 것이다. 이런 사람은 호경기와 불경기가 문제가 아니다. 경기 탓은 핑계이고, 근본적으로 내공이 약하고 귀가 얇아 '정한 마음'이 없을 가능성이 높다.

상담을 받으러 온 영숙 씨는 부동산 가격이 더 오르기 전에 이번에는 꼭 사야 하지 않겠냐며 과거의 저렴했던 가격을 계속 언급하고, 너무 올라 말이 안 된다는 푸념만 늘어놓기 일쑤다. 가격은 과거로 회기하지 않는다. 그냥 흘러가는 것이다. 영숙 씨는 역시나 오늘도 곧 매수할 것처럼 부산을 떨고 온 동네 부동산 사무실을 헤집고 다니지만 결국은 아무것도 사지 않는다.

평소에 자기 생각을 정리하지 못한 사람과 대화하다 보면 미래에 대한 이야기가 거의 없다. 과거의 좋았던 경험을 반복할 뿐이다. 과거에 살 뻔(?)한 부동산 이야기는 현재 자산이 없다는 것이고, 과거에 잘나간 영웅담은 현재가 초라하다는 고백에 지나지 않는다.

현재의 성공을 이야기하는 사람이 주변에 많아져야 영향을 받고 모델이 되어 함께 도전할 에너지를 받는다. 망한 이야기를 하는 사람을 만나면 일단 도망가자! 돈이 모이는 것도 운동에너지이다. 부정적이고 걱정만 하는 사람은 피하는 게 상책이다.

투자를 하려면 기본적으로 공부를 하고 자기 결정을 내릴 수 있는 능력이 있어야 한다. 우유부단한 사람에게는 상담을 해주어도 별 효과가 없다. 자본주의는 거대 정글의 약육강식, 무한 경쟁이다. 내가 안하면 다른 사람이 낚아채 간다는 것을 모르는가? 아직도 결정을 못하고 혹시 고민에 빠져 있는가? 우물쭈물 하는 사이 동일선상에 있던 경쟁자는 저 멀리 도망가 보이지도 않는다.

최근에 대출규제와 금리인상이 뉴스에 많이 나오고 있다. 영숙 씨도 아마 금리인상 때문에 밤잠을 설치고 있을지 모르겠다. 본질은 본인이 아직도 무주택자라는 것을 잊으면 안 된다는 것! 시장은 내 생각과 상관없이 자연스럽게 빈 곳을 메꿔 가며 유유히 흘러간다. 무주택자에게 소유권이 하나도 없다는 것보다 더 큰 걱정이 있을까?

Part 7

잘 먹고
잘 살기

38

돈으로
시간을 샀다

'나는 자유인!'

마음이 원하는 최종 목표이다. 돈이 주는 가장 큰 배당금은 자유라
고 했다. 시간의 자유를 누리는 것은 부(富)를 가진 사람의 특권이다.
물론 개인차는 있다는 것을 밝혀둔다. 돈과 시간이 많아도 자유를 누
리지 못하는 사람들도 분명 많으니까 말이다. 여기서 자유인은 자발
적 능동성으로, 주어진 시간을 마음이 원하는 것을 찾아 누리는, 선택
한 행복을 누리는 자유인을 말한다.

우리는 타민족이나 외력에 의해 강압과 구속을 받았던 날에서 해

방된 독립을 오래도록 기억하고 기념한다. 억압과 핍박이 심할수록 해방에 대한 감격은 크고 자유의 가치는 더 빛난다. 갑자기 웬 독립인가? 어느 날 문득 나는, 나라의 독립만 중요한가? 나도 노동으로부터 독립해야지! 나는 과연 시간의 자유를 누리고 있는가? 하는 질문을 따라가 보니, 일에 파묻혀 중세 노예처럼 대농장으로 일하러 가는 모습과 크게 달라진 게 없는 나를 발견하게 되었다.

소중한 내 삶을 종처럼 살 수는 없다는 독립에 꽂혀 목표를 정했고, 그때부터 사람이나 노동에 매여 살지는 않겠다는 자유를 꿈꾸기 시작했다. 종속이 된다는 것은 일의 한계와 자본을 얻을 한계에 갇히는 것을 의미하니까 말이다.

자본주의의 위대한 업적(?)은 "사람들을 정신없이 바쁘게 만들었다"는 말이 있다. 언제부턴가 오랜만에 만나면 "요즘 많이 바쁘시죠?" 하며 인사말까지 바꾸게 될 정도가 되었다. 이처럼 다들 바빠 시간이 없다고 한다. 백수가 과로사로 죽는다는 말이 있을 정도로 우리는 다들 '바쁘다'는 말이 입에 붙었다. 심지어 습관적으로 해오던 일을 그만두고 쉬라고 하면 신나서 춤을 추는 게 아니라 오히려 일 없이 한가한 것을 불안해한다.

우리는 왜 꼭 뭔가를 해야만 할까? 내 마음대로 살 자유도 있어야 하는데, 퇴직 후 소속감 없이 쉰다고 하면 타인의 시선이 두려워 집 밖을 나가기가 쉽지 않다. 왠지 패배자 같고 실패자 같아 그렇다. 그래서 일이 끊어지는 것이 두렵다. 직장의 퇴직은 공포를 줄 만한 그 무엇이다. 시간이 갑자기 많이 주어졌을 때, 무얼 해야 할지 몰라 멍했던 기억이 있을 것이다. 말로는 시간나면 여행을 가겠다고 말하면서 말이다. 이처럼 우리는 일중독처럼 소속이 없는 것을 못 견뎌 한다.

1차 노동정년이 끝나는 중년은 인생 2막을 새로 시작하는 시점이다. 이때 준비된 사람과 준비되지 않는 사람의 차이가 확연하게 갈라진다. 퇴직을 기다린 사람은 올 것이 온 것이고, 준비되지 않는 사람에게는 삶이 무너질 수 있는 큰 사건이 된다. 후자의 경우는 자기 삶을 즐길 수 없어 또 다른 일을 찾아 다시 이력서를 들고 일자리 구걸(?)을 할 정도로 뭔가를 계속해야 하는 노동 종속에서 벗어날 수가 없다.

많은 사람으로부터 듣는 소리가 일할 때 살아 있는 것 같고 일할 때 존재감을 느낀다는 것이다. 나도 개인적으로 부정하지는 않는다. 내가 말하는 '아무것도 안 할 자유'는 생업을 위해 의무적으로 '해야만 하는 일을 안 할 자유'를 말하는 것이다. 일자리를 끊임없이 찾는 사람에게 물어보면, 하나같이 "먹고 살아야 하기 때문"이라는 답이 돌

시시한 엄마에서 도도한 엄마되는 부동산 투자

아온다. 생업의 문제에서 자유롭지 못하면 어디에라도 다시 소속되어 돈을 벌어야 하고, 결국엔 긴 노동으로 정신적 자유를 빼앗기고 만다. 생업의 문제가 내 시간을 내 맘대로 쓸 자유를 앗아가는 것이다.

우리는 경제적 문제를 해결할 방법을 고민해 보아야 한다. 돈을 왜 꼭 몸으로만 벌려고 하는 것인가? 노동은 한계가 있다. 건강의 한계점과 수입의 한계점을 다 갖고 있는 취약한 방법이 몸의 근육에 의지하는 것이다. 투자의 필요성을 강조하는 이유는 자본 근육이 일하게 하자는 것이다. 돈이 일을 해야지, 몸으로 하는 노동을 통해서 경제적 자유를 얻기란 거의 불가능하므로 투자를 하라는 것이다. 자본주의는 자본이 주인공이고 핵심이다. 자본의 활동성을 높여 최고의 효율성을 찾는 것, 그것이 투자다.

가끔 나는 자전거를 생각할 때가 많다. 한쪽 바퀴는 급여, 다른 한쪽은 투자, 이렇게 두 바퀴를 굴리자는 의미에서다. 바퀴 하나로는 굴렁쇠밖에 안 된다. 굴렁쇠는 내가 탈 수도 없다. 미래를 대비하는 바퀴는 최소한 두 개는 되어야 한다. 저축할 돈 없다고 불평하지 말자. 얇아도 쪼개기 나름이다. 투자도 사이즈가 다양하니 자신에게 맞는 맞춤투자를 찾으면 되는 것이다. 내가 안 사면 다른 사람이 사 간다. 귀한 것은 내 사정을 봐주지 않는다.

돈의 효율성을 위해 수익이 있는 곳으로 돈을 이동시키고 옮기는 것을 두려워하는 사람은 경제적 자유와 멀어진다. 글로벌은 내가 가진 돈이 전 세계와 맞붙어 이겨서 돈의 가치하락을 방어해야 하는 실력을 요구한다. 내가 지금 누리는 이 경제적 자유는 남들보다 일찍 돈이 가는 길을 깨닫고 그 방향을 향해 집중했던 것, 그것이다.

시시한 엄마에서 도도한 엄마되는 부동산 투자

^
39

소확행은
경제적 자유너머에

동시대의 사람들끼리는 비슷한 로망 같은 것이 암묵적으로 작용하고 있는 것 같다. 예를 들면, 부자가 되거나 퇴직을 하면 세계일주를 하겠다거나 도심을 벗어나 전원에서 한번 살아 보는 꿈, 또는 전국 방방곳곳 맛집투어와 국내여행을 하겠다 등 개인마다 약간씩 차이는 있지만 큰 틀에서는 비슷한 범주 안에 있는 것 같다. 한때 "열심히 일한 당신 떠나라"는 한 카드 회사의 광고 카피가 대유행을 하며 덩달아 수많은 패러디가 쏟아졌던 때가 있었다. 서로의 마음을 터치한 묵시적 공감이 담겨 있었던 것은 아닐까.

몇 년 전 젊은 층을 중심으로 '소확행'이 유행하며. 마케팅이나 문화코드가 된 적이 있다. 스피드에 묻혀 잠시 잊었던 사람들이 자기 자신에게 초점을 맞추며 일상을 자세히 들여다보는 계기가 되었다. 이 말을 처음 언급한 작가의 환경과 우리의 사회적 상황은 반대지만 '일상의 소소한 작은 일들이 행복'이라는 소확행은 사회적 반향을 불러일으켰다. "막 구운 따스한 빵을 손으로 뜯어먹는 것, 오후의 햇빛이 나뭇잎 그림자를 그리는 걸 바라보며 브람스의 실내악을 듣는 것, 서랍 안에 반듯하게 접어 넣은 속옷이 잔뜩 쌓여 있는 것" 등 작가가 열거해 놓은 것은 대단한 게 아니었다. 그러면 왜 하필 소확행이 그때 소비와 마케팅 트렌드로 들어왔을까.

하늘의 별따기처럼 좁고 어려운 취업 고민이 몰고 온 메시지가 소확행으로 연결되어 일상의 소중함이 운동처럼 번진 것은 아닐까.

원하는 직장에 비집고 들어갈 기회조차 없는 2030세대의 아우성이 곳곳에서 터져 나오고 집값은 가파르게 올라가니 청년들의 입장에서는 이룰 수 있는 꿈보다 포기해야 할 것들이 더 많아졌다. 청년 일자리 만들기가 사회적 문제로 등장하며 국가적 과업으로 삼고 있지만, 해결 가능성은 점점 낮아지고 있다.

MZ세대는 못하는 것을 찾기가 어려울 정도로 준비된 인재들임에

시시한 엄마에서 도도한 엄마되는 부동산 투자

도 오라는 곳이 없어 안타깝다. 누구의 잘못이 아니라 산업 생태계의 변화가 불러온 구조적 문제다. 높아지는 청년 실업률에 부모는 대학까지 마친 장성한 자녀의 앞날을 걱정한다.

나 역시 황량하고 척박한 힘지에서 외로움과 두려움이 많았다. 삶의 구간 구간 아프지 않고 힘들지 않은 적이 어디 있었던가. 세상 고난은 다 내게로 뭉쳐서 달려드는 기분이 들 정도로 나에게도 힘든 시간이 있었다. 돌이켜보니 그 또한 과정일 뿐이지 나를 넘어뜨리거나 침몰시킬 수는 없었다.

가끔 지금의 MZ세대들을 보며 20대의 나를 소환시켜 본다. 다시 그때로 돌아가면, 나에게 기회가 많겠는가? 대답은 글쎄다. 분명한 것은, 이 넓은 세상에 내 자리를 만들어 놓고 나를 오라고 손짓하는 곳은 없다는 것을 아는 것이 중요하다. 직업이 없다고 할 일이 없는 것은 아니라고 했다. 할 일은 스스로 찾는 것이다. 내가 준비한 만큼 기회는 열린다. 내가 취업을 위한 준비된 사람이 맞는지 스스로 질문해가며 길을 닦아 나가야 한다. 취업이 바늘구멍이라고 하지만 누군가는 취업에 성공하고 있으니 내가 변하고 준비하는 수밖에 없다. 사람들이 원하는 것을, '나만의 방법'으로 뚫고 나가야 내 자리가 생긴다. 나는 나로 존재할 때 가장 가치가 있다.

나의 예가 도움이 될지 모르겠지만, 나는 종속이 싫어서 결혼 후 스스로 기회를 만들었다. 당시엔 결혼한 기혼녀에게 양질의 일자리는 많지 않았다. 내가 일을 구할 때 가장 우선순위에 둔 원칙은 사람이나 회사 구조에 종속되는 일은 피하는 것이었다. 그러나 그런 일자리는 별로 없었다. 내가 직접 하는 것 외는 다른 방법이 없다는 것을 빨리 깨달은 덕분에 나는 내 시간을 살았던 것 같다. 그래서 택한 것이 음악학원을 직접 운영한 것이었고, 주5일 레슨이 끝나면 두 아이를 태우고 세상 유랑과 부동산 임장을 다녔다.

지금 세계는 통신을 매개로 서로 연결되어 있다. 답답하거나 느린 것은 밀려나거나 자연 쇠락하며 흔적을 감추고 만다. 무엇이든 새로운 것은 빨라야 선점이 가능한 시대를 만났다. 글로벌 무한경쟁의 요건은 바로 속도전이다. 열린 정보사회에서 속도는 사활이 걸린 문제이다 보니 스피드에 숨도 차고 매우 피곤하다. 심지어 정신까지 쏙 빼놓지 않는가.

부동산 분야도 정보와 돈이 일으키는 속도전에서 예외일 수 없다. 빠른 정보와 자금을 가진 부류는 부익부의 혜택을 누리고 있으나 상대적 박탈감을 느끼는 세대나 사람들은 그 반대다. 어차피 벌어진 간격 따라 잡을 수 없다는 패배감에서 소확행이 조명을 받기 시작했지

시시한 엄마에서 도도한 엄마되는 부동산 투자

만, 그렇다고 자산부자가 되는 것을 포기할 수는 없지 않은가? 진정한 소확행은 생존의 안정성 위에서 더 풍성해지는 것이다. 사람은 아는 만큼 느끼고 가진 것만큼 누리니까 말이다.

지금처럼 주력 산업이 바뀌거나 통화량이 폭발적으로 증가할 때는 부의 재편으로 계층 간 위치 이동이 크게 일어난다. 재계 순위도 바뀌고, 우리가 몰랐던 신흥부자들이 계속해서 새롭게 등장한다. 한 경제 전문가의 말을 빌리면 "지금은 개인이 마음만 먹으면 큰돈을 벌 수 있는 기회"다. 바로 그런 시대를 우리는 살아가고 있다. 즉, 돈을 벌고 키울 수 있는 기회와 환경이 많이 열려 있다는 말이다. 평범했던 사람도 투자나 창의적 핵심기술을 통해 얼마든지 대박이나 중박을 터뜨릴 수 있는 것이다. 대세 상승기를 맛본 사람은 알 것이다. 부동산만큼 부(富)를 빠르고 크게 키워 주는 분야가 없다는 것을 말이다.

부동산 투기를 조장한다는 비난을 받을 수도 있지만, 투기 조장이 아니다. 공급 부족과 수요 증가는 높은 수익과 연결된다. 아파트의 인기가 계속되는 한 아파트에서 수익이 나는 구조다. 유망한 회사의 주식을 사는 것도 투자이고, 양질의 부동산을 사는 것도 투자이다. 주식투자는 괜찮고, 부동산 투자는 안 된다는 논리는 모순이다. 주식이 수십억 있는 사람을 '투자의 귀재', '장기 투자의 달인'이라 부른다. 하지만 부동산을 수십억 가진 사람은 '때려잡아야 할 투기꾼'이 되어 마치 남의 것을 훔쳐서 부자가 된 것처럼 '이상한 나라의 앨리스' 취급을 당하기 일쑤다. 부자를 바라보는 치우친 해석은 돈 공부를 통해 자본을 공부하고 부자를 꿈꾸는 미래 세대에게 왜곡된 경제관을 심어줄 개연성이 다분하다.

애써 모은 돈으로 자본의 효율성을 높이려는 움직임을 몹쓸 짓으로 치부해 버리는 생각에서는 국민이 부자가 될 수 없다. 지금으로부터 2700년 전 중국의 춘추시대 가장 먼저 패자국이 된 제나라의 뛰어난 재상 '관중'은 부민부국(富民富國)을 국가운영의 기조로 삼아 나라가 튼튼하려면 결국 백성이 부유해져야 한다는 부민(富民)을 실천했다. 쓸데없는 규제는 철폐하고 백성이 생업에 불편한 것이 없는지를 살핀 관중은 현대의 시각으로 보면 지혜로운 시장주의자였던 것이다.

부동산의 우상향이 감지되면 강남을 중심으로 물결을 타며, 경기·인천으로 퍼져 나가고, 철도나 고속도로를 따라 이어지는 지방의 유력 지역까지 전체적으로 앞다퉈 올라간다. 신바람나는 경험에 참여해 보길 응원한다. 사면 언젠가 오르는 것을 안 할 이유가 있는가? 자신에게 맞는 사이즈로 투자하면 되는 것이다. 자기가 잘할 수 있는 분야에 도전하면 경험과 수익을 얻는다. 그것이 주식이든 부동산이든 상관없다. 도전을 시작하는 것이 유의미하다.

실제 대세 상승기를 한 번 거치고 나면, 부(富)의 간극이 큰 차이로 벌어진다. 그럴 때 투자가 되어 있지 않은 사람은 수익 실현을 할 것이 없다. 소확행도 좋고, 욜로도 좋다. 뭐라도 사놓고 즐기자. "사람이 3일을 굶으면 쓰레기를 뒤진다"는 말이 있다. 소확행과 욜로도 생업이 흔들리면 뜬구름일 뿐이다.

부자는 목이 타는 갈증에도 물통에 물이 가득찰 때까지 기다리며 통을 채우고 흘러넘치는 물을 통해 갈증을 해소한다. 반면, 빈자는 갈증을 참지 못하고 물이 통에 차기가 무섭게 바로 바로 마셔서 통이 찰 때까지 기다리지를 못한다는 것이다. 두 사람 다 목마르긴 마찬가지지만 중요한 것은 채우고 흐르는 물을 마신 부자가 갈증 때문에 죽지 않았다는 것이다.

소확행과 욜로를 오래 즐기고 계속하려면 물통부터 채워 보자는 것이다. 놀고 즐기는 일만큼 신나는 것은 없다. 소풍가는데 우는 아이 없듯이 말이다. 소풍하듯 사는 삶은 축제가 맞다. 하지만 경제적 자유가 보장되지 않는다면 소풍이 아니라 노역이 될 수도 있다.

놀더라도 투자 근처에서 놀고, 돈이 지나가는 길과 너무 멀리 떨어져서 놀지 말자는 것이다. 경제적 빈곤은 마음의 고요를 깨뜨리는 원인이 된다. 빈부의 차가 점점 심해지는 양극화를 배경으로 조명받기 시작했던 소확행의 메시지는 못 오를 나무 쳐다보지 말고 내가 오를 수 있는 나무 한 그루에서 행복을 찾자는 것이다.

큰 것이든 작은 것이든 소중하지 않은 것은 없다. 하지만 나는 경제활동의 경계에 서 있는 사람이라 이해를 구한다. 소확행보다 소액 투자에 더 집중하라는 팩트 폭격을 할 수밖에 없다. 돈이 없으면 결국 소소하지만 작은 행복도 못 누릴 수 있음을 알기에 나는 악역을 기꺼이 담당한다. 경제적 능력 없이 감성만 찾는 것은 지양하자고! 돈 없이는 소확행도 가능하지가 않다고!

자본주의는 배고픈 철학자보다 배부른 부자에게 더 많은 기회를 준다. 아름다운 꽃도 내 마음이 평온할 때 더 아름답게 보이는 법이다.

40

호모 아카데미쿠스

2013년 3월에 EBS 5부작 교양프로그램 〈호모 아카데미쿠스〉를 시청한 적이 있는데, 화면을 채우는 세계 각국 학생들이 지식을 탐구하고 탐색하는 눈빛에서 반짝이는 빛을 보았다. 그때 이후로 내 이름 앞에, 나를 표현하는 말, 공부하는 인간 '호모 아카데미쿠스'을 즐겨 쓰고 있다. 하루 중 책을 읽거나 공부하는 시간이 많은 비중을 차지하고, 공부를 즐기는 행복을 누리고 있으니 아주 틀린 말은 아니다. 공자가 말한 공부보다 즐거운 일이 없다는 호학(好學)이 어떤 느낌인지를 어렴풋이 알 듯하다.

논어의 〈학이(學而)〉편에 나오는 "학이시습지(學而時習之)면, 불역열호(不亦說乎); 배우고 때때로 익히면 즐겁지 아니한가" 하는 말을 많이 들어 봤을 것이다. 신기한 것은 공부를 하면 할수록 궁금한 것이 더 많아진다는 것이다. 궁금증의 발로를 찾아 계속적으로 파고, 적고, 탐색하다 보니 '나만의 공부'에 빠져드는 경험을 하게 된다. 공부하는 사람이 느끼는 자쾌(自快)가 이런 것인가.

경제적 자유 이후 나에게 찾아 온 가장 뜻깊은 변화는 좋아하는 공부를 마음껏 할 수 있는 시간의 자유였다. 먹고 사는 문제로 분주할 때는 결코 알아채지 못했다. 사람은 호기심을 잃는 순간 늙는다고 했다. 공부하는 사람과 공부하지 않는 사람 사이에는 건널 수 없는 강이 존재한다. 아마 그 차이는 갈수록 더 심화될 것이다.

나는 갈수록 고전이 좋아진다. 고전은 보물상자처럼 삶의 지혜를 한가득 담고 있다. 수백, 수천 년 전 현자들이 솔루션을 숨겨놓고, 막막할 때 내게 보석을 보여 준다. 물리적 시간은 까마득한데 현대에 적용해도 손색없는 지혜를 어찌 그렇게 많이 담아놓았는지……. 주옥같은 고전을 펼쳐서 탐색만 하면 내 것이 된다.

스피드에 지쳐서인지 아니면 나이가 주는 자연스러움 때문인지 몇 년째 고전의 매력에 빠져 있다. 글을 읽다가 옛 사람이 그리울 때가 많다. 선현들이 남긴 흔적들을 밑줄과 필사를 통해 고전에서 건져 올리는 재미가 쏠쏠하다. 행복해 혼자 웃는 마음을 그 누가 알겠는가! 나는 지금 내가 원하는 대로 살아가고 있는 중이다.

어느 날 '세한도'에서 추사 김정희의 행적과 서체에 얽힌 이야기를 읽으며 추사의 삶을 따라가다 보니, 가슴이 먹먹해지는 감정이 올라왔다. 내 마음을 붙잡은 것은 이 대목이다.

나는 천성이 노는 것을 좋아하여, 늘 좋은 놀이를 만나거나 좋은 친구를 만나면, 낮 놀이가 부족하여 밤까지 계속했으며, 처자나 집안 일 따위는 마음에 걸릴 것도 없이, 오직 대나무 한 포기, 돌 한 덩이, 꽃 한 송이, 풀 한 포기라도 진실로 마음에 붙일 만한 곳이 있다면, 거기서 세상을 마칠 생각을 가졌지요. 하물며 이른 봄과 늦봄 사이 강마을 경치는 더욱 아름다워 꽃은 봉오리가 터지고, 새들은 다 둥지를 벗어나, 하늘은 엷은 청색을 띄고, 물은 짙은 초록을 띄며, 만 그루 복사꽃이 붉고, 천 그루 배꽃이 희게 다투어 벌어지고, 백리 들판에 보리는 푸르고 누렇게 펼쳐졌는데, 나는 이따금 홀로 그 속을 거닐며, 짐짓 들까치를 설레게 하고, 왕왕 노래 부르며, 흰 구름 뚫고 가곤 했죠. 간혹 옛 벗을 만나면 그윽하고, 먼데까지 마음껏 구경하고, 낮에는 역사책을 읽고, 밤에는 경전을 공부하여, 해가 기울도록 벗을 붙들고, 밤중에 귀신과 얘기하며, 밤낮의 구경을 다해 흠뻑 젖어드는 흥취를 실컷 푼다면, 그 즐거움은 거의 죽음을 잊을 만도 하지 않겠소.

-김정희, 『완당전집 5권』, '어떤 이에게' 중

철따라 변하는 자연에서 좋은 풍광을 만나면, 다 내려놓고 실컷 놀고 싶다는 것이다. 너무나 인간적이지 않은가. 세상구경 두루 하다 진실로 마음 붙일 만한 곳에서 세상을 떠난다면 원이 없겠다는 저 자유로움과 달관에 반해 버렸다.

나는 원래 덤벙거리기 일쑤고, 대상을 천천히 들여다보는 것을 잘 못하고 살아왔다. '목표 지향'을 위해 정주행하는 애니어그램 3번 유형에 속하는 나는 속도에 익숙해 격물치지(格物致知)에 약했다. 속도를

시시한 엄마에서 도도한 엄마되는 부동산 투자

늦추니 얻는 것이 이렇게 많구나 혼자 감탄할 때가 많다. 느림의 미학에 빠지니 쓸데없는 시간이 줄고 생각하는 시간을 벌었다. 책도 마찬가지다. 속독할 때 몰랐던 책 속의 숨겨진 지혜들이 지금의 눈높이에서 새롭게 다가온다. 한가로이 책 속의 현자들을 만나는 시간은 내가 스스로 만든 내 세상이다.

정독하는 시간이 늘어나며 일어난 개인적 변화는 생각과 생활을 미니멀리즘으로 세팅한 것이다. 책을 통해 인류의 등불이 되어 준 큰 스승들의 가르침을 읽다 보니 공부의 최고 경지는 우주 질서를 인정하고 내가 나로 존재하는 순리를 깨닫는 '자유함'이었다. 한때 집착했던 것을 중요도에서 밀어냈고, 사유하는 시간을 늘리니 정신의 영역이 넓어졌다.

정신이 작용하는 마음공부가 파생시키는 행복과 만족감은 넓고도 깊다. 진정한 공부는 내적 궁금증을 따라 세상의 이치를 깨닫는 심연의 세계로 여행하는 것 아닐까. 스스로의 존재에 대한 질문과 하늘과 땅 우주만물의 탐구에 대한 호기심을 해소해 나가는 과정이 희열이고 공부다.

공부하겠다고 마음만 먹으면 스승이 널려 있는 다매체시대다. 내 마음만 붙들면 언제든 가능한 것이 공부다. 문해력과 사회경제적 지위는 비례한다고 했다. 모든 것은 마음과 연결된다. 간절하면 통한다고 했던가! 지인이 공부를 좋아하는 나에게 집단지성을 꿈꾸는 이노비즈협회의 〈역사문화 아카데미〉를 소개시켜 주었다. 공부하는 즐거움을 무엇에 비하랴! 아카데미를 통해 배운 것을 돌아와 다시 정리하고 되새김하는 것이야말로 학(學)을 습(習)하는 혼자만의 즐거움이다.

시간적 여유가 많다는 것은 자기탐구와 지식탐구에 최적이다. 기꺼이 궁금증의 세계에 빠져 보라고 권해 본다. 세상의 물리를 터득하는 지혜도 결국 공부다. 나는 지금의 나를 사랑한다. 경제적 자유는 마음의 고요와 공부를 즐기는 시간을 선물해 주었다.

시대가 바뀌고 있다. 변화는 이미 시작되었고, 기존의 방식으로는 대응이 불가능한 전혀 새로운 세상이 우리를 기다리고 있다. 어제 같은 오늘, 오늘 같은 내일을 그냥 살고 있다면, 나로부터의 변화는 없는 것이다. 삶이 달라지지 않는 것은 안일함에 갇혀 있다는 증거다. 내 삶의 기준은 내가 세우는 것이다. 경험한 적이 없는 새로움 앞에 공부 없이 온몸으로 맞서겠다는 것인가? 공부는 자기혁명을 가져오는 필요충분조건이다. 용기와 무모함은 분명 다르다. 궁금증이 없다는 것은 무모할 수 있음을 기억해 두자. 공부하는 인간으로 살아가자. 호모 사피엔스는 호모 아카데미쿠스다.

∧
41
노마드를
꿈꾸며

가만히 머물러 있는 것을 워낙 싫어하여 마음이 원하는 것을 기필코 하고야 마는 나는 참 극성스러운 사람이다. 한 번은 공부를 하다 서쪽 대륙 끝 작은 나라 포르투갈에 관심이 가는 것이 아닌가. 작은 땅덩어리에서 부족한 자원과 외세의 침략으로부터 살아남기 위해 바다로 눈을 돌린 15세기 대항해 시대 문을 연 주인공이 궁금해졌다.

주왕1세의 셋째 아들 엔리케 왕자의 대서양 항로 개척이 어떤 마음이었을까? 머릿속 상상이 시작되며 낯선 땅이 궁금해지기 시작한 것이다. 엉뚱발랄 내 호기심은 벌써 새로운 여행지를 향해 꿈틀거리기 시작했다. 지도를 찾아 몇 번이고 이베리아 반도 지형을 살펴보며 지중해와 아프리카 대륙까지의 거리, 이슬람 세력의 북진 경계인 피레네 산맥과 지브롤터 해협을 통한 바닷길⋯⋯. 당시의 상황으로 빙의되어 들어갔다.

서쪽 대륙 끝 땅에 대한 호기심이 폭발적으로 발동했다. 있는 길은 이용하면 되고, 없는 길은 만들면 되는 것이다. 살고자 욕망하며 죽기를 각오하고 망망대해로 나간 그 창조 정신에 감동을 받아 역사가 살아 숨쉬는 현장에 안 가 볼 수가 없는 나그네 정신이 샘솟았다. 과감히 도전한 작은 나라의 왕자가 일으킨 시작의 불씨가 개인과 나라를 부강하게 했으니, 엔리케 왕자는 개척자이고 혁신가가 분명했다. 내 궁금증의 발로는 대서양을 헤치고 나간 그 추진력이 어디서 왔을까였다. 혹자는 당신이 왜 그런 게 궁금하냐고 질타할지 모르겠다. 궁금한 것은 죄가 아니니까! 궁금증 해소는 현장이다.

내가 포르투갈에 직접 가서 대서양을 향해 서 보는 것 외는 다른 방법이 없기에 결국 나는 또 짐을 꾸렸다. 모나코를 거쳐 남프랑스 프로방스 지방을 돌아 서쪽을 향해 굽이굽이 달리고 달려 "땅이 끝나고 바다가 시작되는 곳" 카보다 로카 곶에 서는 순간 나는 노마드가 되었다.

시시한 엄마에서 도도한 엄마되는 부동산 투자

나는 주중에 가는 여행이나 기행을 즐기는 편이다. 교통체증도 없고 한산하니 마치 내가 전세라도 낸 듯이 유유자적 즐길 수 있어 좋다. 서울 도심에는 고궁이나 크고 작은 산이 많다. 혼자 천천히 어슬렁거려 보기도 하고, 벤치에 앉아 하늘도 보고 바람도 느껴 본다. 사람들은 그 시간에 직장에 있거나 일을 하느라 없다. 오롯이 나로 돌아가는 시간이다. 혼자 있을 때 질문이 솟아나는 것 같다.

- 나는 누구인가?
- 어떻게 살아야 하나?
- 나는 잘살고 있는가?

근원적 질문을 던져 가며 생각은 시대를 넘고 바다를 건너 BC 5세기 그리스 아테네까지 날아가 아고라 광장에 서 있기도 한다. 생각에는 국경도 없다. 내 안의 궁금증이 확장되는 대로 따라가면 고대도 만나고 중세도 근대도 다 만난다. 나의 생각을 가둘 빗장은 없으니까 말이다. 고대나 지금이나 여전히 존재에 대한 고민은 각자의 몫이니 상상은 나를 자유롭게 한다.

많이 갈 때는 연 4회 해외 장기여행을 할 정도로 나는 노마드 DNA

보균자다. 어려서부터 나는 늘 바깥세상에 대한 궁금증으로 낯선 땅이 왜 그렇게 가고 싶었는지 모르겠다. 지금껏 많은 나라와 지역을 다니며 느낀 것은 사람 사는 모습이 비슷하다는 것이다. 낯선 이를 환대해 주고 웃어주는 매너는 어디에나 있더라는 것이다. 세상구경만한 재미가 또 어디 있겠는가. 집 떠나면 고생이라는 말에 동의하지만 길을 나서면 고생보다 더 값진 것을 얻게 되니 떠나 보면 알게 된다. 돈 문제를 해결하면 세계지도는 더 넓게 내게 다가온다.

가끔 생각한다. 나의 이 자유로움은 어디에서 온 것일까? 투자에 조금 일찍부터 눈을 뜬 것이 비결이면 비결이다. 투자는 빨리 할수록 유리하다는 것은 당연한 말이다. 일찍부터 투자 환경에서 성장한 사람과 돈과 상관없이 살아온 사람과는 언어 자체가 다르다. 같은 나라 말을 사용하지만 사회적 관계망에서 사용하는 언어는 같을 수가 없다.

최근 상담을 오는 고객들의 나이도 점점 젊어지고 있다. 현장에는 불꽃이 튄다. 돈이 없으면 노동의 노예로 살아야 하는 엄혹한 현실에서 자본을 통해 삶의 주인으로 살아남기 위해 수많은 도전들이 치열하게 진행되고 있다.

안 먹고 안 쓰고 사 놓은 부동산은 중년 이후 든든한 보험처럼 효자 노릇을 톡톡히 해 준다. 매달 나오는 부동산 수익의 역할은 제2의 월

시시한 엄마에서 도도한 엄마되는 부동산 투자

급이나 마찬가지다. 우리가 세계를 여행하고 돌아와도 날짜만 되면 들어오는 보험금처럼 돈이 돈을 벌어 주는 동업자가 바로 부동산이다. 급여로만 살면 돈은 항상 모자라고 남는 법이 없다는 것을 경험하지 않는가.

과거에 먼저 투자한 사람들이 싸기 때문에 매수한 것이 아니라는 것을 알아야 한다. 부동산은 어느 시대나 항상 고가(高價)였다. 과거의 화폐 단위가 낮게 느껴질 뿐, 그때로 회귀하면 역시 큰 맘 먹어야 사는 특별한 것이 부동산이다.

원하는 매물이 있다면 모자라는 자금을 채우려고 매수 타이밍을 몇 년 후로 미루지 말고, 부족한 자금은 레버리지를 통해 마련하더라도 소유권을 갖는 데 주저하면 안 된다는 것이다. 물론 지금은 연일 가계부채 한도조정 때문에 대출억제 정책을 쏟아내고 있는 중이다. 형편에 매여 계획을 늦추다 보면 지금의 대출규제처럼 돌발 변수가 생겨나 아예 매수 자체를 못 하는 악재를 만날 수가 있다. 그림의 떡이라는 말처럼 우선 내 앞 차려진 떡부터 먹어야 맞다. 적기에 잘해 놓은 부동산 투자는 세계를 여행할 시간과 돈을 제공하는 최고의 효자라는 것을 기억하자.

점심을 먹고 사무실 옆 산에 올랐다. 잘려나간 나무의 밑동을 깔고 앉아 머리 위에 얹혀진 하늘을 올려다보았다. 사그락 사그락, 툭 툭, 가지에 붙어 있다가 갈 때를 알고 툭 떨어지는 순리를 보았다. 나뭇잎은 가을바람을 타고 중력을 따라 그렇게 자기의 길, 땅으로 내려 앉았다. 몸에 힘을 빼고 바람이 지나는 길에 그냥 앉아 있는 것이다. 갈 곳도 없고 오라는 곳도 없지만 볼 것은 많다. 재빠르게 혼자 바쁜 청설모는 나를 조금도 의식하지 않고 자기 일만 한다. 먹이를 찾아 나무 가지를 쉴 새 없이 바쁘게 타는 청설모를 보니 내가 보였다.

자연이 나의 스승이다. 계절을 느끼는 한가로움은 어디서 왔는가. 누가 빨리 들어오라고 재촉하는 이 없는 자유로움은 얼마나 감사한가! 시원한 산속 공기가 폐포 깊숙이 박히는 청량감을 느끼며 나는 그렇게 한참을 앉아 있었다.

시시한 엄마에서 도도한 엄마되는 부동산 투자

42

well-being & well-dying

잘산다는 게 뭘까? 어렵다. 모두가 다르기 때문에, 잘산다는 것에 대한 답도 사람 수만큼 있을 것이다. 우리는 삶이라는 무대에서 각자가 주인공이다. 모양은 다르지만 각자 삶의 면면들은 대단한 걸작의 서사라 생각한다. 나 또한 사회를 관통하는 상식을 기준 삼아 남과 비교해 뒤처지면 안 된다는 생각으로 남들의 눈을 많이 의식하며 살았다. 해야만 하는 것을 했고 있어야 하는 것을 선택했다. 그게 잘사는 것이고 맞다고 생각했다.

사람들은 상대의 소비성향을 보고 부(富)의 크기를 가늠하는 경우가 많은 것 같다. 물건이 쌓일수록 지갑은 가벼워지고 집은 좁아진다. 중개업을 하며 집을 보러 갈 때마다 느끼는 것은 집집마다 물건들을 너무 많이 소유하고 있다는 것이다. 어떤 집은 짐을 위한 집인지 사람을 위한 공간인지를 모를 정도로 짐을 쌓아 놓고 살고 있는 것을 보게 된다.

혹시 지금 욕망과 자본이 이끄는 대로 따라가고 있지는 않은가. 집집마다 넘쳐나는 옷과 신발, 살림도구는 결국 쓰레기가 될 것이다. 나 역시 일조했으니 누구를 비난할 것은 못된다.

고전인문 공부를 시작하면서 사물을 보는 관점을 사람의 마음으로 바꾸고 보니 비로소 나의 행복과 생각이 보였다. 보이지 않는 내면으로 렌즈의 앵글을 돌리니 모든 것의 출발은 내 마음이었다. 누구 탓이 아니라, 내 탓이고 내 마음이 문제라는 것을 인정하고 나니 삶의 가치관을 '내면의 나'에 두게 되었다. 일상이 일으키는 파동을 나로부터의 인과로 보니 흥분할 일도 욕심 낼 일도 딱히 없어져 모든 것이 '그렇구나, 또 그럴 만했구나' 하며 순응해 가는 것 같다.

비싸게 샀던 기억에 쓰지도 않으면서 쉽게 버리지 못했던 물건을 버리는데 있어 이제는 고민하지 않는다. 주렁주렁 매달려 나를 무겁게 짓누르는 것을 이제는 잘도 버리고, 비우고, 포기한다. 버려 보면

　시시한 엄마에서 도도한 엄마되는 부동산 투자

가벼움의 자유를 알게 된다.

"내려갈 때 보았네, 올라갈 때 보지 못한 그 꽃"이라는 고은 시인의 시가 자꾸만 와 닿는다. 더 가지려고 움켜질 때는 소중한 줄 몰랐는데 버리고 비워 두니 여백이 소중하다. 한 발짝 떨어져서 문제의 근원적인 곳에 눈이 돌리니 세상은 온통 연결이고 '아름다운 하나'라는 것을 알게 되었다. 타인의 고민과 내 고민이 다르지 않다는 것을 이제야 알게 되니 무슨 심오한 도라도 깨친 듯 기쁨이 내 안에서 흘러나온다.

나는 '죽기 전에 꼭 해야 할 도전' 버킷리스트를 적어 놓고 가끔씩 언제 갈까 하며 세계지도를 자주 들여다본다. 어떤 날은 대륙을 자세히 보다가, 또 어떤 날은 대양에 있는 작은 섬들을 찾아보기도 하고, 또 가끔은 지구의 큰 산맥들을 찾아보기도 하며, 혼자 지도를 보며 잘 노는 재주를 갖고 있다.

아직도 도전할 것이 많다는 것은 행복할 일들이 더 늘어난다는 말이다. 안데스 8천킬로미터 여행하기, 대륙횡단열차 타고 바이칼 호수를 보며 흉노에 잡혀 시베리아 칼바람을 맞으면서도 충절을 지킨 이릉과 소무의 이야기 찾기, 칭기즈 칸이 살기 위해 숨어들었던 보르칸 칼톤산 주변의 여름 몽골여행, 보츠와나 오카방고 델타와 칼라하리 사막에 누워 쏟아지는 별 보기, 알래스카의 여름여행, 스위스에서 한 달 살아보기, 호주 사막열차 타기, 캐나다 횡단열차 타기, 장강 삼협에서 이백, 두보와 백거이 그림자 찾기 등을 생각하면 기분이 좋아진다.

행복은 명사가 아니다. 형용사다. 내가 행복하다고 느끼는 마음의 상태라는 것이다. 나는 경험하고 있다. 내 마음이 천국이면 세상도 천국이라는 것을 말이다. 내 꽃밭은 내가 가꿔야 한다고 생각하니 심을 것이 생겨나고 자꾸만 들여다보게 되는 것 같다.

황창연 신부의 강의를 우연히 듣게 되었다. 나이가 들면 '내가 번 돈 내가 다 쓰고 가라'고 신신당부를 한다. 눈만 뜨면 구경 나갈 준비부터 하라는 것이다. 맛있는 것 사 먹고, 꽃 구경, 사람 구경, 바다 구경, 날짜, 요일 정해 가며 세상 구경을 소풍 다니듯 즐기라는 것이다. 그렇게 방방곡곡 원 없이 노닐다 죽을 때는 미련 없이 "지쳐서 죽어라"는 메시지다. 강의를 듣는 사람마다 박장대소를 하며 공감하는 분위기였다. 나 또한 신부님의 통찰에 무릎을 쳤다. "잘 살아온 사람이 잘 죽는다"는 결론으로 강의가 끝났다.

내 생각대로 내 시간을 살아온 나의 꽃밭에는 아름답고 신기한 꽃들이 많이 피어나고 있다. 제법 근사하기도 하여 세상 사람들이 놀러 올 수 있게 나는 울타리도, 대문도 없이 그대로 둘 생각이다. 누구든지 필요하면 나의 꽃밭을 거닐라고, 그냥 있는 그대로 열어 놓겠다.

원래 내 것은 아무것도 없었다. 하늘이 준 것 빌려 쓰고, 누리다 갈 뿐
이다. 그리고 하늘이 오라면 어서 나설 것이다. 저 하늘 끝에 또 다른
내 집이 있다는 걸 믿으니까!

시시한 엄마에서 도도한 엄마되는

부동산 투자

인쇄일 2022년 2월 28일
발행일 2022년 3월 14일

지은이 정민채

펴낸곳 아임스토리(주)
펴낸이 남정인
출판등록 2021년 4월 13일 제2021-000113호
주소 서울특별시 서대문구 수색로43 사회적경제마을자치센터 2층
전화 02-516-3373
팩스 0303-3444-3373
전자우편 im_book@naver.com
홈페이지 imbook.modoo.at
블로그 blog.naver.com/im_book

ISBN 979-11-976268-2-1 (03320)